四 书

SISHU

章双全 ◎ 译注

光明日报出版社

图书在版编目（CIP）数据

四书 / 章双全译注 . -- 北京：光明日报出版社，2014.7（2024.3 重印）

（光明岛）

ISBN 978-7-5112-6319-3

Ⅰ . ①四… Ⅱ . ①章… Ⅲ . ①儒家②四书－译文③四书－注释 Ⅳ . ① B222.1

中国版本图书馆 CIP 数据核字（2014）第 122555 号

四书
SISHU

译　　注：章双全	
责任编辑：秦艳丽	责任校对：王腾达
封面设计：博文斯创	责任印制：曹　净

出版发行：光明日报出版社
地　　址：北京市西城区永安路 106 号，100050
电　　话：010-67022197（咨询），67078870（发行），67019571（邮购）
传　　真：010-67078227，67078255
网　　址：http://book.gmw.cn
E - mail：lijuan@gmw.cn
法律顾问：北京德恒律师事务所龚柳方律师

印　　刷：北京一鑫印务有限责任公司
装　　订：北京一鑫印务有限责任公司
本书如有破损、缺页、装订错误，请与本社联系调换，电话：010-67019571

开　　本：150mm×220mm　　印　张：12
字　　数：150 千字
版　　次：2014 年 7 月第 1 版
印　　次：2024 年 3 月第 4 次印刷
书　　号：ISBN 978-7-5112-6319-3

定　　价：29.80 元

版权所有　翻印必究

目　录

大学	1
中庸	5
论语	15
学而篇第一	16
为政篇第二	20
八佾篇第三	24
里仁篇第四	30
公冶长篇第五	34
雍也篇第六	39
述而篇第七	43
泰伯篇第八	48
子罕篇第九	52
乡党篇第十	56
先进篇第十一	60
颜渊篇第十二	65
子路篇第十三	69
宪问篇第十四	74
卫灵公篇第十五	79
季氏篇第十六	83
阳货篇第十七	87
微子篇第十八	92
子张篇第十九	94
尧曰篇第二十	98

孟子 …………………………………… 101
梁惠王章句上 …………………………… 102
梁惠王章句下 …………………………… 108
公孙丑章句上 …………………………… 113
公孙丑章句下 …………………………… 123
滕文公章句上 …………………………… 128
滕文公章句下 …………………………… 135
离娄章句上 ……………………………… 141
离娄章句下 ……………………………… 149
万章章句上 ……………………………… 156
万章章句下 ……………………………… 162
告子章句上 ……………………………… 168
告子章句下 ……………………………… 175
尽心章句上 ……………………………… 179
尽心章句下 ……………………………… 184

大学

第一章

大学之道在明明德①,在亲民②,在止于至善。知止③而后有定,定而后能静,静而后能安,安而后能虑,虑而后能得。物有本末,事有终始,知所先后,则近道矣。

【注释】

①大学:即"大人之学"。古代八岁入小学,学习"洒扫应对进退、礼乐射御书数"等文化基础知识和礼节;十五岁入大学,学习"穷理正心,修己治人"的学问。明明德:第一个"明"当使动词用,即"使彰明";第二个"明"当形容词,即光明正大的德行。

②亲民:"亲"作"新",即革新。新民,使人弃旧图新、去恶从善。

③知止:知道目的地。

【译文】

大学的宗旨,在于弘扬光明正大的品德,在于教导人们亲民爱民,在于让人们达到更完善的境界。知道想要达到的境界,然后才能有坚定的志向,有了坚定的志向,然后才能静心,静心然后才能心神安宁,心神安宁才能思虑周详,思虑周详然后才有所收获。所有事情都有根本和枝末,所有事情都有开始和终结,了解这些先后的道理,就接近事物发展的规律了。

第二章

古之欲明明德于天下者先治其国,欲治其国者先齐其家①,欲齐其家者先修其身,欲修其身者先正其心,欲正其心者先诚其意,欲诚其意者先致其知②,致知在格物③。物格而后知至,知至而后意诚,意诚而后心正,心正而后身修,身修而后家齐,家齐而后国治,国治而后天下平。

【注释】

①齐其家:治理好自己的家庭。
②致其知:使自己获得知识。
③格物:认识、研究万事万物的道理。

【译文】

古代那些想要向天下弘扬光明品德的人,先要治理好自己的国家;想要治理好自己的国家,先要管理好自己的家庭;想要管理好自己的家庭,先要修养自身;想要修养自身,先要端正自己的心;想要端正自己的心,先要自己意念真诚;想要使自己意念真诚,先要使自己获得知识;获得知识的办法是揣摩事物的规律。揣摩事物的规律然后才能获得知识,获得知识然后才能意念真诚,意念真诚然后才能端正自己的心,心端正后才能让自身修养提高,自身修养提高后才能管理好家庭,家庭管理好了然后才能治理好国家,国家治理好了然后天下才能太平。

第三章

自天子以至于庶人①,壹是皆以修身为本②。其本乱而末治者,否矣。其所厚者薄,而其所薄者厚,未之有也。

【注释】

①庶人:百姓。
②壹是:都是。

【译文】

上自天子下至百姓,人人都要以修养品性为根本。这个根本被扰乱了,家庭、国家、天下是不可能治理好的。如果不能分清先后、轻重、缓急,本末倒置,将本应重视的事情忽略了,应忽略的事情却重视起来,想要齐家、治国、平天下,这也是从未有过的事情。

第四章

所谓诚其意者①,毋自欺也,如恶恶臭②,如好好色③。此之谓自谦④。故君子必慎其独也。小人闲居为不善,无所不至,见君子而后厌然,掩其不善而著其善。人之视己如见其肺肝然,则何益矣。此谓诚于中,形于外,故君子必慎其独也。曾子曰:"十目所视,十手所指,其严乎!"富润屋⑤,德润身⑥,心广体胖,故君子必诚其意。

【注释】

①诚其意者:使意念真实无妄。
②恶(wù)恶(è)臭(xiù):厌恶腐臭的气味。
③好(hào)好(hǎo)色:喜爱美丽的女子。
④谦:通"慊(qiè)",满足。
⑤润屋:修饰房屋。
⑥润身:修养自身。

【译文】

所谓使自己的意念真诚,是说不要自己欺骗自己,就好像(自然地)讨厌恶臭的味道、(自然地)喜欢美色一样。这样诚实不欺,才称得上是自我满足。所以品德高尚的人即使在一个人独处的时候也谨慎自律。小人平日闲居时做的都不是好事,没有什么坏事做不出来的,等到见到品德高尚的人,然后躲躲闪闪地掩藏自己所做的坏事,而假装彰显自己的"善良",殊不知别人看自己,就好像能看见自己的心肺肝脏一样(清楚),那么掩盖又有什么益处呢!这是说,内心中最真实的东西,总会通过外在表现出来,所以品德高尚的人即使在一个人独处的时候也一定会谨慎自律。曾子说:"十只眼睛看着你,十只手指着你,这是多么严厉可怕的事啊!"财富能用来修饰房屋,道德能用来修养人的身心,心胸宽广身体就安适舒坦,所以品德高尚的人一定要使自己意念真诚。

中
庸

第一章

天命之谓性①,率性之谓道②,修道之谓教。道也者,不可须臾离也③,可离非道也。是故君子戒慎乎其所不睹,恐惧乎其所不闻。莫见乎隐④,莫显乎微,故君子慎其独也。喜怒哀乐之未发谓之中,发而皆中节谓之和⑤。中也者,天下之大本也;和也者,天下之达道也⑥。致中和⑦,天地位焉,万物育焉。

【注释】

①天:指自然的天。命:赋予。
②率:遵循,按照。道:路,引申为规律、法则。
③须臾:片刻。
④莫:此处是"没有什么更……"的意思。见(xiàn):通"现",显现。乎:于。
⑤中(zhòng)节:符合法度。
⑥达道:天下古今必由之路,也指普遍规律。
⑦致:达到。

【译文】

天所给予人的禀赋叫作性,遵循天性而行叫作道,修明此道而加以推广叫作教。道是不可以片刻离开的,可以离开的那就不是道了。所以君子警戒谨慎于别人看不到的地方,小心畏惧于别人听不到的地方。没有比在隐暗的处所更容易表现的了,没有比在细微的事情上更容易显露的了。因此,君子特别谨慎个人独处的时候。人们喜怒哀乐的感情未曾发生叫作中,发露出来而都合宜叫作和。中是天下的根本,和是天下的通道。达到中和,天地就各正其位,万物就发育成长。

第二章

仲尼曰①:"君子中庸,小人反中庸。君子之中庸也,君子而时中②；小人之中庸也，小人而无忌惮也③。

【注释】
①仲尼：即孔子，名丘，字仲尼。
②时中：随时而处中。
③忌惮：顾忌和畏惧。

【译文】
孔子说："君子的言行举止合乎中庸之道，小人的言行举止违背中庸之道。君子之中庸，是因为君子的言行举止总是合宜适中；小人之反中庸，是因为小人的言行举止肆无忌惮。"

第三章

子曰："中庸其至矣乎①！民鲜能久矣②。"

【注释】
①至：极至，顶点。
②鲜(xiǎn)：少，不多。

【译文】
孔子说："中庸的品德大概是至高无上的啦！很少有人能做到长期坚持这样。"

第四章

子曰："道之不行也①，我知之矣：知者过之②，愚者不及也。道之不明也，我知之矣：贤者过之，不肖者不及也③。人莫不饮食也，鲜能知味也。"子曰："道其不行矣夫！"

【注释】
①道：指中庸之道。

②知:通"智"。过:超过限度。

③不肖者:不贤的人。

【译文】

孔子说:"中庸之道之所以难以实行,我知道这里面的原因了:聪明人的言行超过了中道,愚钝的人的言行又达不到中道。中庸之道之所以不能昌明,我知道这里面的原因了:贤德的人的认识超过了中道,无才德的人的认识又达不到中道。这就好比人们没有不吃不喝的,却很少有人能真正辨知滋味。"孔子说:"中庸之道恐怕难以大范围地推行了吧!"

第五章

子曰:"舜其大知也与①!舜好问而好察迩言②,隐恶而扬善,执其两端,用其中于民,其斯以为舜乎!"

【注释】

①舜:古代帝王,名重华,史称虞舜。大知:有很高的才智。知:通"智"。

②迩言:浅近的话。

【译文】

孔子说:"舜应该算得上具有大智慧的人吧!舜喜欢向人请教问题,善于从人们浅近平常的话语里分析其含义,不宣扬他人的过错而表扬他人的功德和善举,根据过与不及两端的情况,采纳中庸之道来治理百姓,这就是舜之所以成为舜的原因吧!"

第六章

子曰:"人皆曰予知①,驱而纳诸罟擭陷阱之中②,而莫之知辟也③。人皆曰予知,择乎中庸而不能期月守也④。"

【注释】

①予:我。知:通"智"。

②纳:原义为纳入,此处是落入之意。罟(gǔ):捕兽的网。擭(huò):装有机关的捕兽的木笼。

③辟:通"避"。

④期(jī):一整月。

【译文】

孔子说:"人们都说'我是聪明的',可是被利欲驱使,像禽兽般地进入捕网、木笼、陷阱之中,却不知道去躲避。人们都说'我是明智的',可是选择了中庸之道,却连一个月也做不到。"

第七章

子曰:"回之为人也①,择乎中庸,得一善,则拳拳服膺而弗失之矣②。"

【注释】

①回:指孔子的弟子颜回,字子渊。

②拳拳:奉持不舍的样子。服膺:牢记在心中。

【译文】

孔子说:"颜回的为人,选择了中庸之道,每次得到一个好的道理、一个好的思想,就深刻地记在心里,诚心地信服,永不丢失。"

第八章

子曰:"天下国家可均也,爵禄可辞也,白刃可蹈也①,中庸不可能也。"

【注释】

①白刃:闪着亮光的快刀。蹈:踩,踏。

【译文】

孔子说:"天下国家是可以平治的,官爵俸禄是可以辞掉的,利刃是可以踩上去的,而要完全做到中庸之道却是不能的。"

第九章

子路问强①,子曰:"南方之强与?北方之强与?抑而强与②?宽柔以教,不报无道③,南方之强也,君子居之。衽金革④,死而不厌⑤,北方之强也,而强者居之。故君子和而不流⑥,强哉矫⑦;中立而不倚,强哉矫;国有道,不变塞焉⑧,强哉矫;国无道,至死不变,强哉矫。"

【注释】

①子路:孔子的弟子,名仲由,字子路。

②抑:选择性连词,意为"还是"。

③报:报复。无道:指强暴无理的人。

④衽(rèn):卧席,这里用为动词,躺卧之意。

⑤死而不厌:死也在所不惜。

⑥和而不流:性情平和又不随波逐流。

⑦矫(jiǎo):坚强的样子。

⑧不变塞:不改变志向。

【译文】

子路问什么才算是坚强。孔子说:"你问的是南方人的坚强呢,北方人的坚强呢,还是你认为的坚强呢?用宽容温柔的态度去教导人们,不报复蛮横无理的行为,这是南方人的坚强,君子就是这种坚强。经常枕着刀枪、穿着盔甲入睡,即使失去性命也不后悔,这是北方人的坚强,强悍的人具有这种坚强。所以,君子可以跟人和睦相处而不同流合污,是坚强的人中的佼佼者!君子确立中道而不偏不倚,是坚强的佼佼者!国家有道,君子不改变穷困时的操守,是坚强的佼佼者!国家无道,至死也不改变平生的气节,是坚强的佼佼者!"

第十章

子曰:"素隐行怪①,后世有述焉,吾弗为之矣。君子遵道而行,半途而废,吾弗能已矣。君子依乎中庸,遁世不见知而不悔②,唯圣者能之。"

【注释】

①素:应为"索",探索、寻求。隐:隐僻。怪:怪异。

②遁世:避世隐居。见知:被知。

【译文】

孔子说:"寻求隐僻的道理,做些怪异的事情,即使后代的人有称颂这种事,我还是不会这样做的。君子按着正道去走,往往半途而废,我绝不能半路就停止的。君子依从中庸之道,就算隐遁在人世而不被理解,也不懊悔,唯有圣人才能做得到。"

第十一章

君子之道费而隐①,夫妇之愚可以与知焉②;及其至也,虽圣人亦有所不知焉。夫妇之不肖,可以能行焉;及其至也,虽圣人亦有所不能焉。天地之大也,人犹有所憾。故君子语大,天下莫能载焉;语小,天下莫能破焉。《诗》云:"鸢飞戾天③,鱼跃于渊。"言其上下察也。君子之道,造端乎夫妇④,及其至也,察乎天地。

【注释】

①费:用途广大。隐:指体的精微。

②夫妇:匹夫匹妇,指普通男女。与:参与。

③鸢(yuān):鹰。戾:到达。

④造端:开始。

【译文】

君子的中庸之道,作用广大本身却很细微。匹夫匹妇虽然愚昧,也可以知晓其中的浅近道理;说到道理的最深处,就算是圣人也会有他不懂的东西。匹夫匹妇虽然没有德才,一般的道理也是能够实行的;涉及道理极其深奥之处,即使圣人也会有他不能做到的地方。以天地之大,人们对之尚有遗憾,何况圣人也不是全知全能。所以,君子所信守的中庸之道,说它大,天下没有什么东西能够把它装载得了的;说它小,天下没有什么东西能够把它剖析得开的。《诗经·大雅·旱麓》篇说:"鹞鹰飞上高天,鱼儿跃在深渊。"这说的是坚持中庸之道的人能够明白地看清楚上上下下的事情。君子的中庸之道,开始于匹夫匹妇(这样的小问题),粗浅容易明白,等到了造诣最深的时候,就能明白地看清楚天地(间的道理)。

第十二章

子曰:"道不远人,人之为道而远人,不可以为道。《诗》云:'伐柯伐柯,其则不远。'①执柯以伐柯,睨而视之②,犹以为远。故君子以人治人③,改而止。忠恕违道不远,施诸己而不愿,亦勿施于人。君子之道四,丘未能一焉。所求乎子以事父,未能也;所求乎臣以事君,未能也;所求乎弟以事兄,未能也;所求乎朋友先施之,未能也。庸德之行,庸言之谨,有所不足,不敢不勉,有余不敢尽,言顾行,行顾言,君子胡不慥慥尔④。"

【注释】

①伐柯:砍削斧柄。则:法则。此处指斧柄的式样。
②睨(nì):斜视。
③以人治人:以人固有之道来治理人。
④慥慥(zào):忠厚诚实的样子。

【译文】

孔子说:"中庸之道和人民是很亲近的,有人实行道却让道远离人们,那就不能说是中庸之道了。《诗经·豳风·伐柯》篇说:'砍斧把啊砍斧把,那斧把的样式并不远.'手执斧把来砍斧把,斜下眼睛就看得见样子,还以为远吗。所以君子治理有过错的人们就用做人之道,直到他们改正为止。做到忠和恕,那就离中庸之道不远了,施加在自己身上而自己不愿意的事,自己也不施加给别人。君子之道有四条,我连其中一条也还没做好。我要求作为儿子的应该要怎样尽孝,可我自己未能完全这样地侍奉我的父亲;我要求作为臣子的应该要怎样尽忠,可我自己未能完全这样地侍奉我的君王;我要求作为弟弟的应该要怎样敬重兄长,可我自己未能完全这样地侍奉我的哥哥;我要求朋友应该要怎样讲求信义,可我自己未能首先去这样对待朋友。平常道德方面的实践,平常言论方面的谨慎,做得有不足的地方,我不敢不勉力去弥补,做得有余裕的地方,我不敢认为到了尽头。言语要顾及行动,行动要顾及言语,君子怎能不老老实实地言行一致呢!"

第十三章

君子素其位而行,不愿乎其外。① 素富贵,行乎富贵,素贫贱,行乎贫贱,素夷狄,行乎夷狄②,素患难,行乎患难,君子无入而不自得焉③。在上位,不陵下;在下位,不援上。④ 正己而不求于人,则无怨。上不怨天,下不尤人。故君子居易以俟命,小人行险以侥幸。⑤ 子曰:"射有似乎君子,失诸正鹄⑥,反求诸其身。"

【注释】
①素:平素,现在的意思。此处当动词用。愿:羡慕。
②夷:指东方的部族。狄:泛指当时的少数民族。
③无入:无论处于什么情况下。
④陵:欺侮。援:攀缘。本指抓着东西往上爬,引申为投靠有势力的人。
⑤居易:居于平易安全的境地,也就是安居现状的意思。俟(sì)命:等待天命。行险:冒险。
⑥正鹄(gǔ):指箭靶子中心的圆圈。画在布上的叫正,画在皮上的

叫鹄。

【译文】

君子遵循自己现在所处的位置做事,不去做超出地位以外的事情。现时处在富贵的地位,就做富贵地位上该做的事;现时处在贫穷卑微的地位上,就做贫穷卑微地位上该做的事;现时处在夷狄的地位上,就做夷狄地位上该做的事;现时处在忧患灾难之中,就做忧患灾难中该做的事:君子没有进入某种处境而感到不自得的。君子身在上位,不欺凌压迫下面的人;身居下位,不攀缘、巴结在上面的人。端正自己而不乞求于人,那就无所怨恨了,上不怨恨天命,下不责怪别人。所以,君子居心平易来等待天命,小人进行冒险来妄求幸运。孔子说:"射箭很有些类似君子端正自己的功夫,射不中靶子,要回过头来寻求自身技艺上的失误。"

第十四章

君子之道,辟如行远必自迩,辟如登高必自卑。①《诗》曰:"妻子好合,如鼓瑟琴。兄弟既翕,和乐且耽。②宜尔室家,乐尔妻帑。③"子曰:"父母其顺矣乎!"

【注释】

①辟:通"譬"。迩:近。卑:低处。
②翕(xī):和顺,融洽。耽:安乐。
③帑(nú):通"孥",儿子。

【译文】

实行君子之道,就好像是去远方,一定要从近的地方出发;就好像登高,一定要从低的地方开始爬。《诗经·小雅·棠棣》篇说:"和妻子相好和睦,就好像是鼓瑟弹琴(那样和谐)。兄弟们都聚在一起,和美快乐而且情谊深厚。安排好你的家里,热爱着你的妻子儿女。"孔子说:"这样,父母就顺心了吧!"

论语

学而篇第一

第一章

子曰:"学而时习之,不亦说乎①?有朋自远方来,不亦乐乎?人不知而不愠②,不亦君子乎③?"

【注释】

①说(yuè):通"悦",高兴,喜悦,愉快。
②愠(yùn):生气,发怒。
③君子:原义是有较高社会地位的人,统治阶层的人,引申为道德上有修养的人。这里用的是引申义。

【译文】

孔子说:"学了知识能反复地温习它,不也是件愉快的事吗?有志同道合的人远道而来,不也是件快乐的事吗?别人不理解我,我并不怨恨,不也是个有修养的人吗?"

第二章

有子曰①:"其为人也孝弟②,而好犯上者,鲜矣;不好犯上,而好作乱者,未之有也。君子务本,本立而道生。孝弟也者,其为仁之本与③!"

【注释】

①有子:姓有,名若。孔子的弟子。
②孝弟:孝,儒家伦理重要德目之一,指子女对长辈的敬爱顺从。

弟(tì),通"悌",指弟弟尊重顺从兄长。

③仁:孔子提出的道德伦理的最高标准,也是孔子思想的核心概念,其主要意义是由于意识到人是同类而产生的对他人的同情爱护,即所谓"仁者爱人"。与:通"欤"。语气词。

【译文】

有子说:"(如果)为人孝顺父母,尊重兄长,却喜欢冒犯上辈或上级,这种人是很少有的;不喜欢犯上,却喜欢作乱,这种人是不会有的。君子应致力于根本的工作,基础的东西建立了,(治国、做人的其他)道理就由此而产生。孝顺父母,敬重兄长,这些准则应是仁的根本吧!"

第三章

子曰:"巧言令色①,鲜矣仁!"

【注释】

①巧:好。令:善,美,好。

【译文】

孔子说:"花言巧语,装出讨人喜欢的脸孔,这种人是很少有仁德的。"

第四章

曾子曰①:"吾日三省吾身:为人谋而不忠乎②?与朋友交而不信乎?传不习乎?"

【注释】

①曾子:姓曾,名参(shēn),字子舆。孔子的弟子。
②忠:儒家德目之一,对他人(特别是对君主)尽心竭力。

【译文】

曾子说:"我每天多次反省自己:为别人出主意做事情是否尽心尽力呢?与朋友交往有没有做到以诚相待呢?老师传授的学业有没有经常复

习呢?"

第五章

子曰:"道千乘之国①,敬事而信,节用而爱人,使民以时。"

【注释】

①千乘之国:古代四匹马拉一辆兵车称作"一乘"。周制天子地方千里,出兵车万乘;诸侯地方百里,出兵车千乘。"千乘之国"指代诸侯国。

【译文】

孔子说:"治理一个实力雄厚的诸侯大国,要严肃认真地处理政事,讲究信用,节省财政开支,爱护臣下,按照农业的忙闲决定何时役使人民。"

第六章

子曰:"弟子①入则孝,出则悌,谨而信,泛爱众而亲仁。行有余力,则以学文②。"

【注释】

①弟子:年纪幼小的人。
②文:文化知识。

【译文】

孔子说:"年轻的人,在父母身边要孝顺父母,离开家要敬重兄长,言语谨慎守信,博爱众人,亲近有仁德的人。做到这些后还有余力,就用来学习文化知识。"

第七章

子夏曰①:"贤贤易色;事父母,能竭其力;事君,能致其身;与朋友交,言而有信。虽曰未学,吾必谓之学矣。"

【注释】

①子夏:姓卜,名商,字子夏。孔子弟子。

【译文】

子夏说:"尊重有贤德的人,而看轻貌美的女色;侍奉父母,能竭尽全力;侍奉君主,能不惜献出生命;结交朋友,说话诚实守信用。这样的人虽然自谦说没有经过学习,我必定说他学习过了。"

第八章

子曰:"君子不重则不威,学则不固①。主忠信。无友不如己者②。过,则勿惮改。"

【注释】

①固:巩固,牢固。
②无:通"毋",不要。

【译文】

孔子说:"君子举止如果不庄重就不会有威严;态度不庄重,即使学习,学业也不会巩固。要把忠诚和守信放在(待人处世的)主要地位上。不要与不如自己的人交朋友。犯了错误,要不怕改正。"

为政篇第二

第一章

子曰:"为政以德,譬如北辰居其所而众星共之①。"

【注释】
①共:通"拱",环绕。

【译文】
孔子说:"(国君)依靠品德教化统治国家,他就会像北极星一样,泰然处在自己的位置上,群星环绕在它周围。"

第二章

子曰:"《诗》三百①,一言以蔽之,曰:'思无邪②'。"

【注释】
①《诗》三百:《诗经》共三百零五篇,这里说"三百",是举其大数。
②思无邪:本是《诗经·鲁颂》中的一句,此处孔子断章取义引用之。

【译文】
孔子说:"《诗经》的三百篇诗,可以用一句话概括其特点,就是:'内容纯正'。"

第三章

子曰:"道之以政①,齐之以刑②,民免而无耻③;道之以德,齐之以礼,有耻且格④。"

【注释】
①道:通"导",治理,引导。
②齐:整治,约束,统一。
③免:避免,指避免犯错误。
④格:正,纠正。

【译文】
孔子说:"靠政令来领导人民,用刑法来规范,百姓能免于犯罪,但没有羞耻心;用道德来引导,用礼教来规范,百姓就会不但有羞耻心,并且真心归服。"

第四章

子曰:"吾十有五而志于学,三十而立,四十而不惑,五十而知天命①,六十而耳顺,七十而从心所欲,不逾矩。"

【注释】
①天命:天是周族的至上神。天命即至上神的旨意、安排。孔子时代,天命思想已经动摇。

【译文】
孔子说:"我十五岁时有志于做学问;三十岁时便能自立于世;四十岁时便不再有疑惑;五十岁时便懂得了天命;六十岁时听到各种言论,都能辨别清楚,明白贯通;七十岁时随心所欲,怎么做都不会超越法度。"

第五章

孟懿子问孝①。子曰:"无违。"
樊迟御②,子告之曰:"孟孙问孝于我,我对曰,无违。"樊迟曰:"何谓也?"子曰:"生,事之以礼;死,葬之以礼,祭之以礼。"

【注释】

①孟懿子:鲁国大夫,姓仲孙,名何忌,"懿"是谥号。
②樊迟:姓樊,名须,字子迟。孔子弟子。

【译文】

孟懿子问什么是孝。孔子说:"不要违背礼的规定。"

樊迟(给孔子)驾车,孔子告诉他说:"孟孙请教我孝的问题,我回答他说,不要违背礼的规定。"樊迟问:"您说的是什么意思呢?"孔子说:"父母在世时,按照礼的规定侍奉他们;父母去世后按照礼的规定安葬他们,祭祀他们。"

第六章

孟武伯问孝①。子曰:"父母唯其疾之忧②。"

【注释】

①孟武伯:孟懿子的儿子,名彘(zhì),"武"是谥号,"伯"是排行。
②这句有歧解,原因出自对句中"其"字指代的对象理解不同。译文认为"其"复指"父母"。孔子因人施教,对于不同的人"问孝",他的回答都不一样;据说孟武伯"善忧父母",孔子所答便针对了他这一特点。

【译文】

孟武伯问怎样做到孝。孔子说:"对父母,要特别担忧他们的疾病。"

第七章

子游问孝①。子曰:"今之孝者,是谓能养。至于犬马,皆能有养;不敬,何以别乎?"

【注释】

①子游:姓言,名偃,字子游。孔子弟子。

【译文】

子游问孔子什么是孝。孔子说:"现在说的孝,只是说能做到供养父母。(然而)就是(家里的)狗和马,都能得到人的饲养;如果不敬重父母,那么赡养父母和养狗养马又有什么区别呢?"

第八章

子夏问孝。子曰:"色难。有事,弟子服其劳;有酒食,先生馔①,曾是以为孝乎?"

【注释】

①馔(zhuàn):饮食,吃喝。

【译文】

子夏问怎样算是孝。孔子说:"奉养父母始终和颜悦色是件难事。遇到事情,仅仅替父母做;有酒食让父母享用,但是子女的脸色却很难看,就能算作孝吗?"

第九章

子曰:"吾与回言终日①,不违,如愚。退而省其私,亦足以发,回也不愚。"

【注释】

①回:即颜回,字子渊。孔子最赏识的弟子。

【译文】

孔子说:"我整天给颜回讲学,他从来不提与我不同的见解,好像很愚笨。过后,我考察他私下的言谈,却(发现他)能发挥我的观点,可见颜回并不愚笨。"

八佾篇第三

第一章

孔子谓季氏①,"八佾舞于庭②,是可忍也,孰不可忍也?"

【注释】

①季氏:指季平子,鲁国大夫。
②八佾(yì):古代舞蹈八人为一行,一行叫一佾;天子使用八行共六十四人的舞蹈,称为"八佾"。按规定,诸侯使用六行,大夫只能使用四行,即三十二人的舞蹈。季氏是大夫,却使用"八佾",这是僭礼的行为。

【译文】

孔子谈论到季氏,说:"在(自家)庭院中季氏使用六十四人的舞蹈队列,这种事如果可以容忍,那还有什么不可以容忍的呢?"

第二章

三家者①以《雍》彻②。子曰:"'相维辟公,天子穆穆',奚取于三家之堂?"

【注释】

①三家:指在鲁国当政的孟孙氏、叔孙氏、季孙氏三家。三家都是鲁桓公的后代,故又称"三桓"。
②《雍》:《诗经·周颂》中的一篇。

【译文】

孟孙、叔孙、季孙三家(在祭祀祖先时,也跟天子祭祀一样)唱着《雍》

诗撤去祭品。孔子(批评)说:"《雍》诗上有这样的话:'助祭的是四方的诸侯,主祭的是庄严肃穆的天子',这诗怎么能在三家祭祖的庙堂上唱呢?"

第三章

子曰:"人而不仁,如礼何?人而不仁,如乐何①?"

【注释】

①乐:音乐,古代的乐也包括舞蹈。孔子重视乐,认为好的乐有宣泄情感,协调人际关系的功效。

【译文】

孔子说:"一个人如果没有仁爱之心,礼仪对他有什么用呢?一个人如果不仁,音乐对他有什么用呢?"

第四章

林放问礼之本①。子曰:"大哉问!礼,与其奢也,宁俭;丧,与其易也,宁戚②。"

【注释】

①林放:鲁国人。有人认为是孔子的弟子。本:根本,本质。
②戚:悲伤。

【译文】

林放问礼的本质是什么。孔子说:"这个问题,意义重大啊!实践礼仪,与其奢侈,宁可俭朴;就丧礼来说,与其形式上大操大办,不如心情真正悲哀。"

第五章

子曰:"夷狄之有君①,不如诸夏之亡也②。"

【注释】

①夷狄：夷、狄是我国古代居住在中原的华夏族统治阶级分别对东方异族和北方异族的蔑称，这里泛指当时各方异族。

②亡(wú)：通"无"，没有。

【译文】

孔子说："地处偏远的国家有君主(而没有礼仪)，还不如中原各国没有君主(却有礼仪呢)。"

第六章

季氏旅于泰山。子谓冉有曰①："女弗能救与？"对曰："不能。"子曰："呜呼！曾谓泰山不如林放乎②？"

【注释】

①冉有：姓冉，名求，字子有。孔子弟子。

②按周礼规定，天子才有资格祭天下的名山大川，诸侯只有资格祭祀在其封地境内的名山大川。季氏只是鲁国大夫，他去祭泰山是僭礼行为。孔子的这句反问，是说泰山的神灵是不会接受季氏非礼的祭祀的。

【译文】

季氏要去祭祀泰山。孔子对冉有说："你不能劝阻他吗？"冉有回答说："不能。"孔子说："哎呀！难道能说泰山的神灵还不如林放(懂礼)，竟会接受季氏越礼的祭祀吗？"

第七章

子曰："君子无所争。必也射乎！揖让而升①，下而饮。其争也君子。"

【注释】

①揖：作揖，谦让。这是表示敬意。

【译文】

孔子说:"君子没有与人相争的事。如果有争的话,那就是比赛射箭吧!(比赛时)他们上堂要相互作揖谦让,射完下堂后还要相互敬酒。那样的竞争,就是君子之争。"

第八章

子夏问曰:"'巧笑倩兮,美目盼兮,素以为绚兮。'何谓也?"子曰:"绘事后素。"

曰:"礼后乎①?"子曰:"起予者商也②!始可与言《诗》已矣。"

【注释】

①礼后:学礼要放在后边。放在什么后边,原文没有说;旧注多认为具有了忠信品质的人,才谈得上学礼。

②商:子夏,姓卜,名商。

【译文】

子夏问道:"(《诗经》上说)'漂亮的脸笑得美呀,美丽的眼睛,黑白多分明呀,洁白的脂粉更把她装扮得楚楚动人啊。'这几句是什么意思呢?"孔子说:"(像绘画一样)先有了白色底子,然后才画上画。"

子夏(有所悟地)说:"是先做到忠信才学礼吗?"孔子说:"卜商呀,你真是能启发我的人!这就可以同你谈论《诗经》了。"

第九章

子曰:"夏礼,吾能言之,杞不足征也①;殷礼,吾能言之,宋不足征也②。文献不足故也。足,则吾能征之矣③。"

【注释】

①杞(qǐ):古国名,相传其君主是夏禹的后代,其地在今河南杞县。

②宋:古国名,相传其君主是商汤的后代,其地在今河南商丘一带。

③征：证明，做证。

【译文】

孔子说："夏代的礼制，我能说出来，(但它的后代)杞国，不足以做证；殷代的礼制，我也能讲出来，(但它的后代)宋国也不足以做证。这是因为(杞、宋两国现存的)历史资料和(熟悉历史的)贤人不够的缘故。否则，我就可以引来做证了。"

第十章

子曰："禘自既灌而往者①，吾不欲观之矣②。"

【注释】

①禘(dì)：古代一种祭祀祖先的极其隆重的祭礼，只有天子才能举行。

②鲁国是周公旦的封地。周公旦死后，周成王追念他为建立周朝所做的重大贡献，特许他的后代用禘礼祭祀他，因此鲁国一直实行禘祭。但到了春秋时，鲁国的禘祭在先君排列次序上，有违反等级名分的做法，所以孔子不想看下去了。

【译文】

孔子说："对于禘祭的礼仪，从第一次向受祭者献酒以后，(下面的仪式)我就不想往下看了。"

第十一章

或问禘之说。子曰："不知也。知其说者之于天下也，其如示诸斯乎①！"指其掌。

【注释】

①示：通"置"，摆，放置。

【译文】

有人请教孔子关于禘祭的道理。孔子说:"我不知道。知道这个道理的人治理天下,大概就像把一件东西摆在这里一样容易吧!"孔子边说边指着自己的手掌。

第十二章

祭如在,祭神如神在①。子曰:"吾不与祭②,如不祭。"

【注释】

①神:各种存在的精神主宰,包括天神、山川之神、土地之神以及人鬼(祖先神)。

②与(yù):参与。

【译文】

祭祀祖先,仿佛祖先就在面前;祭祀神,好像神就在面前。孔子说:"我如果不亲自参加祭祀(而叫别人代祭),那祭祀和不祭祀是一样的。"

里仁篇第四

第一章

子曰:"里仁为美①。择不处仁②,焉得知③?"

【注释】

①里:邻里。周制,五家为邻,五邻(二十五家)为里。这里用作动词,居住。

②处:居住,在一起相处。

③焉:怎么,哪里,哪能。

【译文】

孔子说:"人如果能居住在有仁德的地方才算好。选择不行仁道的地方居住,哪能算是聪明呢?"

第二章

子曰:"不仁者不可以久处约①,不可以长处乐。仁者安仁,知者利仁。"

【注释】

①约:穷困。

【译文】

孔子说:"不仁的人不能长期处在穷困之中,不能长久处于安乐之中。有仁德的人才能安心于实行仁德,有智慧的人才能善于利用仁德。"

第三章

子曰:"唯仁者能好人①,能恶人②。"

【注释】

①好(hào):喜爱,喜欢。

②恶(wù):厌恶,讨厌。

【译文】

孔子说:"只有仁人才能慎重地去喜爱人,才能严肃地去讨厌人。"

第四章

子曰:"苟志于仁矣①,无恶也②。"

【注释】

①苟:假如,如果。志:立志。

②恶:坏,坏事。

【译文】

孔子说:"如果诚心立志于(培养、实践)仁德,就不会有使人厌恶的事发生了。"

第五章

子曰:"富与贵,是人之所欲也;不以其道得之,不处也。贫与贱,是人之所恶也;不以其道得之①,不去也。君子去仁,恶乎成名?君子无终食之间违仁,造次必于是,颠沛必于是。"

【注释】

①杨伯峻说:"'得之'应该改为'去之'。"(《论语译注》)可从。

【译文】

孔子说:"财富与地位,这是人人都向往的;不用正当的方法得到它们,就宁可不享受。贫穷与低贱,这是人人都厌恶的;不用正当的方法摆脱它们,就宁可不摆脱。君子抛弃了仁,怎么能成就好名声?君子哪怕吃一顿饭的时间也不能违背仁,仓促的时候必定立足于仁德,生活颠沛困顿的时候也必定立足于仁德。"

第六章

子曰:"我未见好仁者,恶不仁者。好仁者,无以尚之①;恶不仁者,其为仁矣,不使不仁者加乎其身。有能一日用其力于仁矣乎?我未见力不足者。盖有之矣②,我未之见也。"

【注释】

①尚:超过。
②盖:发语词。表示肯定的语气。

【译文】

孔子说:"我不曾见过喜爱仁德的人,也不曾见过讨厌不仁的人。爱好仁德的人,觉得没有什么可以超过对仁德的爱;厌恶不仁的人,他的实践仁德,是不让不仁德的东西沾染到自己身上,对自己有不好的影响。有谁能在一天内将力气全用在实践仁德上呢?我没有见过实行仁德而力气不够的人。或许有这种情况吧,只是我不曾见过。"

第七章

子曰:"人之过也,各于其党。观过,斯知仁矣①。"

【注释】

①仁:通"人"。

【译文】

孔子说:"人们犯的过错,总是和他同类的人所犯的错误是一样的。考察一个人所犯的错误,就能了解他属于哪类人。"

第八章

子曰:"朝闻道①,夕死可矣。"

【注释】
①闻:听到,知道,懂得。
【译文】
孔子说:"早晨明晓了真理,纵然当晚死去,也值得了。"

第九章

子曰:"士志于道①,而耻恶衣恶食者,未足与议也。"

【注释】
①士:读书人,一般的知识分子,小官吏。
【译文】
孔子说:"一个士人如果有志于探求真理,却又因为穿得差吃得不好而羞耻,(这种人)是不值得同他谈论什么了。"

公冶长篇第五

第一章

子谓公冶长①,"可妻也。虽在缧绁之中②,非其罪也。"以其子妻之。

【注释】
①公冶长:姓公冶,名长。孔子弟子。
②缧绁(léi xiè):捆绑罪人的绳索,借指牢狱。

【译文】
孔子谈论公冶长,(说:)"可以把女儿嫁给他做妻子啊。虽然他在坐牢,但那并不是他的罪过。"便将自己女儿嫁给了他。

第二章

子谓南容①,"邦有道,不废;邦无道,免于刑戮。"以其兄之子妻之。

【注释】
①南容:姓南容,名适(kuò),字子容。孔子弟子。

【译文】
孔子提到南容,(说:)"国家政治清明,他不会被废弃不用;国家无道,政治黑暗,他能避免遭受刑罚。"(孔子)便把自己的侄女嫁给他做妻子了。

第三章

子谓子贱①,"君子哉若人！鲁无君子者,斯焉取斯?"

【注释】
①子贱:姓宓(fú),名不齐,字子贱。孔子弟子。
【译文】
孔子谈论子贱,(说:)"子贱这个人真是个君子啊！（如果）鲁国没有君子的话,这个人从何处获得这样的好品德?"

第四章

子贡问曰:"赐也何如?"子曰:"女,器也。"曰:"何器也?"曰:"瑚琏也①。"

【注释】
①瑚琏:古代宗庙中盛黍稷用的容器,很尊贵。后来用它比喻有治国才能的人。
【译文】
子贡问道:"您对我有什么看法呢?"孔子说:"你像一件器物。"子贡问:"哪样器物?"孔子说:"就是宗庙里盛黍稷的瑚琏。"

第五章

或曰:"雍也仁而不佞①。"子曰:"焉用佞？御人以口给,屡憎于人。不知其仁,焉用佞?"

【注释】
①雍:即冉雍,字子弓。孔子弟子。

【译文】

有人说道:"冉雍是个有仁德而不善辩的人。"孔子说:"哪用得着善辩?巧嘴簧舌地对付别人,常常让人讨厌。我不知道他是否称得上有仁德,但哪用得着善辩?"

第六章

子使漆雕开仕①。对曰:"吾斯之未能信。"子说②。

【注释】

①漆雕开:姓漆雕,名开,字子开。孔子弟子。
②说(yuè):通"悦"。

【译文】

孔子让漆雕开去做官。(漆雕开)回答说:"我对做官还没有自信。"孔子听了很高兴。

第七章

子曰:"道不行,乘桴浮于海。从我者,其由与①?"子路闻之喜。子曰:"由也,好勇过我,无所取材②。"

【注释】

①其:语气助词,表揣测。
②无所取材:这句有多种解释。清宦懋庸认为,孔子既嘉子路之勇于任事而又惜其才无取用之所(见其所著《论语稽》)。译文从之。

【译文】

孔子说:"我的主张在这里行不通,就乘木排漂浮到海外去。能随从我去的,大概只有仲由吧!"子路听了这话很高兴。孔子又说:"仲由呀,你的勇敢精神超过了我,(可惜)没有谁来取用你的才干。"

第八章

孟武伯问:"子路仁乎?"子曰:"不知也。"又问。子曰:"由也,千乘之国,可使治其赋也,不知其仁也。""求也何如?"子曰:"求也,千室之邑,百乘之家①,可使为之宰也,不知其仁也。""赤也何如②?"子曰:"赤也,束带立于朝,可使与宾客言也,不知其仁也。"

【注释】

①家:周天子或诸侯分封给卿大夫土地、人民,形成一个由卿大夫统治的政治经济实体,这叫作"家"。

②赤:即公西赤,字子华。孔子弟子。

【译文】

孟武伯问:"子路算得上有仁德吗?"孔子说:"不知道。"孟武伯还是问。孔子便说:"仲由呀,拥有一千辆兵车的国家,可以让他去执掌军事工作,我不知道他是否做到了仁。"(孟武伯又问:)"冉求这个人怎么样?"孔子说:"冉求嘛,千户人口的大邑,百辆兵车的大夫家,可以让他担任总管,至于他是否做到了仁,我就不清楚了。"(孟武伯又问:)"公西赤怎么样?"孔子说:"公西赤嘛,可以让他穿着礼服立在朝廷上,接待来宾办理交涉,我也不知道他是否做到了仁。"

第九章

子谓子贡曰:"女与回也孰愈①?"对曰:"赐也何敢望回②?回也闻一以知十,赐也闻一以知二。"子曰:"弗如也!吾与女③弗如也。"

【注释】

①愈:胜过,更好,更强。

②望:比。

③与:赞同,同意。

【译文】

孔子问子贡:"你和颜回相比,谁强?"子贡答道:"我呀,哪敢和颜回相比?他听了一分道理,能从中推出十分道理,我呢,听了一分道理,只能悟出二分道理。"孔子(慨叹)说:"你的确是不如他啊,我和你都比不上他啊。"

第十章

宰予昼寝。子曰:"朽木不可雕也,粪土之墙不可杇也①。于予与何诛②?"子曰:"始吾于人也,听其言而信其行;今吾于人也,听其言而观其行。于予与改是。"

【注释】

①杇(wū):通"圬",粉刷墙壁。
②与:同"欤"。在这里表停顿。

【译文】

宰予大白天睡觉。孔子说:"腐烂的木头不能用来雕刻,污秽的土墙不能加以粉刷。对宰予,还能用什么话来责备呢?"孔子又说:"起初我看待一个人啊,听了他的话就相信他的行动;现在我对于一个人啊,听了他的话还要观察他的行动。我是因为经过宰予的事情而态度发生变化的。"

雍也篇第六

第一章

子曰:"雍也可使南面①。"

【注释】

①南面:就是脸朝南。古代以坐北朝南为尊位、正位。从君王、诸侯、将、相到地方军政长官,坐堂听政,都是面南而坐。

【译文】

孔子说:"冉雍啊,他可以做一方的长官。"

第二章

仲弓问子桑伯子①。子曰:"可也简。"仲弓曰:"居敬而行简,以临其民,不亦可乎?居简而行简,无乃大简乎?"子曰:"雍之言然。"

【注释】

①仲弓:冉雍,字仲弓。子桑伯子:人名,身世不详。

【译文】

仲弓问子桑伯子怎样。孔子说:"(他办事)简要不烦琐。"仲弓说:"以严肃认真而办事求简的态度来治理百姓,不也可以吗?但是立足于简易省事而办事求简,岂不是太简单了吗?"孔子说:"你说得很对。"

第三章

哀公问:"弟子孰为好学?"孔子对曰:"有颜回者好学,不迁怒①，不贰过②。不幸短命死矣。今也则亡③，未闻好学者也。"

【注释】

①迁怒：指自己不如意时，对别人发火生气；或受了甲的气，却转移目标，拿乙去出气。

②贰：二，再一次，重复。

③亡：通"无"。

【译文】

鲁哀公问(孔子)道："在你弟子中，谁最好学？"孔子答道："有个叫颜回的最好学。他不把怒气发泄在别人身上，不犯同样的错误。不幸的是短命死了。现在没有这样的人了，没听说有好学的人了。"

第四章

子华使于齐①，冉子为其母请粟。子曰："与之釜②。"请益。曰："与之庾。"冉子与之粟五秉。子曰："赤之适齐也，乘肥马，衣轻裘。吾闻之也：君子周急不继富。"

【注释】

①子华：即公西华，姓公西，名赤，字子华。孔子弟子。

②釜：与下文的庾、秉，皆古代量器名。一釜，合当时的六斗四升(仅够一人一月食用)；一庾，合当时的二斗四升；一秉，合当时的十六斛(一斛为十斗)。

【译文】

子华出使到齐国去了，冉有替子华的母亲向孔子请求补贴点小米。孔子说："给她六斗四升。"冉有请求多给一些，孔子说："再给她二斗四升。"冉有给了她八十石小米。孔子说："公西赤出使到齐国，乘坐肥壮的马驾的车子，穿着轻暖的皮袍。我听说过这么一句话：君子救济困窘急迫的人，而不应该给富裕的人增加财富。"

第五章

原思为之宰①,与之粟九百,辞。子曰:"毋!以与尔邻里乡党乎②!"

【注释】

①原思:人名,姓原,名宪,字子思。孔子弟子。宰:官名,殷代始置,掌管家务和家奴。春秋时沿用,卿大夫总管家务的家臣,卿大夫所属私邑的长官,也都称"宰"。

②邻里乡党:都是古代居民组织的名称,五家为邻,二十五家为里,一万二千五百家为乡,五百家为党。

【译文】

原思在孔子家管家,孔子给他九百(斗或斛)小米,原思推辞不肯接受。孔子说:"不要推辞了,拿去分给你的邻里同乡吧。"

第六章

子谓仲弓,曰:"犁牛之子骍且角①,虽欲勿用,山川其舍诸②?"

【注释】

①骍(xīng):本义是赤色马,这里只指赤色。

②本章旨意,有两种理解。一说仲弓的父亲地位低贱,而其本人却是"可使南面"的人才;此章以耕牛为喻,耕牛虽不可作为牺牲用来祭祀,但其子若够条件用作祭祀,山川之神还是会接受的。用以说明:像仲弓这样的人才,不能因其父亲低贱而舍弃不用。一说仲弓有治民的才干,曾任季氏的总管,但他对于选贤举才标准太严,故孔子以此晓谕之。两说实有相通之处,即选用人才,一要就实论事,二要坚持标准。今从前说。

【译文】

孔子讲到仲弓,说:"耕牛所生的一头牛犊,毛色通红,两角端正饱满,虽想不用它做祭祀,难道山川之神会舍弃(享用)它吗?"

第七章

子曰:"回也,其心三月不违仁①,其余则日月至焉而已矣②。"

【注释】

①三月:不是具体指三个月,而是泛指较长的时间。

②日月:一天,一月。泛指较短的时间,偶尔。

【译文】

孔子说:"颜回呀,他的思想长时间不离开仁,其余的人(心里想着仁的时间)不过一天或个把月那么短暂罢了。"

述而篇第七

第一章

子曰:"述而不作,信而好古,窃比于我老彭①。"

【注释】

①老彭:人名。有人认为是商代的贤大夫,有的认为指老子和彭祖两人,有人说是殷商时代的彭祖,还有人说是孔子同时代的一个人。众说纷纭,终无定论。

【译文】

孔子说:"传授、阐述(古代文化)而不创新,相信、热爱古代文化,我私下把自己和老彭相比。"

第二章

子曰:"默而识之①,学而不厌,诲人不倦,何有于我哉?"

【注释】

①识(zhì):记住。

【译文】

孔子说:"把所学的知识默默地记住,勤奋学习永不满足,教导别人不知疲倦,(这些)对于我来说,做到了哪些呢?"

第三章

子曰:"德之不修,学之不讲,闻义不能徙①,不善不能改,是吾忧也。"

【注释】

①徙(xǐ):迁移。这里有"照着……做"的意思。

【译文】

孔子说:"品德不加以修养,学问不勤于研究,听了符合道义的事不能照着去做,有了错误不能改正,这些都是我忧虑的。"

第四章

子之燕居①,申申如也,夭夭如也。

【注释】

①燕:通"宴",安逸、闲适。

【译文】

孔子在家闲居时,衣冠整洁舒展,神态安详坦然。

第五章

子曰:"甚矣吾衰也!久矣吾不复梦见周公①!"

【注释】

①周公:姓姬,名旦,周文王之子,周武王之弟。曾辅佐周成王执政,制定了周代的礼乐制度。是孔子所崇仰的古代圣人。

【译文】

孔子说:"我衰老得多么严重呀!很长时间我没有梦见周公了!"

第六章

子曰:"志于道,据于德,依于仁,游于艺①。"

【注释】

①艺:即六艺,指礼、乐、射、御、书、数六种科目。

【译文】

孔子说:"立志在道上,执守在德上,依凭在仁上,游娱在艺中。"

第七章

子曰:"自行束脩以上①,吾未尝无诲焉。"

【注释】

①束脩(xiū):一束干肉(十条)。脩,干肉。古人初次见面时,带着礼物赠给对方,十条干肉是很薄的见面礼。

【译文】

孔子说:"(只要是)自愿送我十条以上干肉(做见面薄礼)的,我从来没有不给予教诲的。"

第八章

子曰:"不愤不启①,不悱不发②。举一隅不以三隅反③,则不复也。"

【注释】

①愤:思考问题有疑难之处,苦思冥想,而仍然没想通,仍然领会不了的样子。

②悱:想说而不能明确地表达,说不出来的样子。

③隅:角落。比喻从已知的一点,去进行推论,由此及彼,触类旁通。

【译文】

孔子说:"(教导学生时)不到他苦思冥想而想不通时,不去开导他;不到心里想说而表达不出时,不去启发他。提示给他某一方面,他却不能推知出其他几个方面,我就不再去教他。"

第九章

子食于有丧者之侧①,未尝饱也。

【注释】

①有丧者:有丧事的人。孔子在有丧事的人面前,因同情失去亲人的人,食欲不振,吃饭无味。

【译文】

孔子在有丧事的人旁边吃饭,从来没有吃饱过。

第十章

子于是日哭①,则不歌。

【注释】

①哭:指给别人吊丧时哭泣。一日之内,由于心里悲痛,余哀未忘,就不会再唱歌了。

【译文】

孔子在吊丧这天哭泣过,便不再在这一天唱歌。

第十一章

子谓颜渊曰:"用之则行,舍之则藏,惟我与尔有是夫!"

子路曰:"子行三军①,则谁与?"

子曰:"暴虎冯河②,死而无悔者,吾不与也。必也临事而惧,好谋而成者也。"

【注释】

①三军:周制天子六军,诸侯大国三军,一军为一万二千五百人。春

秋时大国多设三军,三军之名称,各国不同,有的称中军、上军、下军,有的称中军、左军、右军。这里统称军队。

②暴虎冯(píng)河:暴虎,空手和老虎搏斗;冯河,不借助舟船涉河。

【译文】

孔子对颜渊说:"出仕就去实行我的主张,否则就把它收藏起来,等待时机,只有我和你能做到这点吧!"

子路说:"(如果)您统领军队,那么找谁与您一起共事?"

孔子说:"空手斗虎,涉水渡河,就算丢了性命也不后悔,我不同这样的人共事。与我共事的人必须是遇事警惧谨慎,善于谋划以求成功的人。"

泰伯篇第八

第一章

子曰:"泰伯①,其可谓至德也已矣。三以天下让,民无得而称焉。"

【注释】

①泰伯:又作"太伯",周朝祖先古公亶(dǎn)父的长子。古公亶父欲立幼子季历,泰伯便主动偕弟仲雍出走到江南,成为当地君长。泰伯死后,由仲雍继立,其后人建立吴国。而季历之孙姬发(周武王)伐纣灭商,建立了周朝。

【译文】

孔子说:"泰伯,可以说是德行极其高尚的了。他多次坚持把君位让给弟弟,人民无法用语言来赞美他。"

第二章

子曰:"恭而无礼则劳,慎而无礼则葸①,勇而无礼则乱,直而无礼则绞②。君子笃于亲③,则民兴于仁;故旧不遗,则民不偷④。"

【注释】

①葸(xǐ):过分拘谨,胆怯懦弱。
②绞:说话尖酸刻薄,出口伤人;太急切而无容忍。
③笃:诚实,厚待。
④偷:刻薄,冷漠无情。

【译文】

孔子说:"注重态度的恭敬庄重却不懂礼,就会徒劳无益;言行谨慎而不合礼制,就显得畏葸害怕;遇事勇敢而不合礼制,就会犯上作乱;为人直率而不合礼制,就显得尖刻刺人。在上位的人对亲族感情深厚,百姓就会重视仁德;在上位的人不遗弃熟人朋友,百姓就不会冷漠无情。"

第三章

曾子有疾,召门弟子曰:"启予足①!启予手!《诗》云:'战战兢兢,如临深渊,如履薄冰②。'而今而后,吾知免夫!小子③!"

【注释】

①启:开。这里指掀开被子看一看。

②战战兢兢……如履薄冰:曾参借用这句话,表明自己一生处处小心谨慎,避免身体受损伤,算是尽了孝道。据《孝经》载,孔子曾对曾参说:"身体发肤受之父母,不敢毁伤,孝之始也。"

③小子:称弟子们。这里说完一番话之后再呼弟子们,表示反复叮咛。

【译文】

曾子患了重病,召集他门下弟子说:"看看我的脚!看看我的手(有无毁伤之处)!《诗经》上说:'胆战心惊的,就像面临着深深的水潭,就像脚踩着薄薄的冰层。'从今以后,我知道自己的身体能免于遭受祸害了!弟子们!"

第四章

曾子有疾,孟敬子问之①。曾子言曰:"鸟之将死,其鸣也哀;人之将死,其言也善。君子所贵乎道者三:动容貌,斯远暴慢矣;正颜色,斯近信矣;出辞气,斯远鄙倍矣。笾豆之事②,则有司存。"

【注释】

①孟敬子:鲁国大夫仲孙捷。

②笾豆:笾,盛食品用的一种竹器;豆,一种盛食物的器皿。笾、豆常用于祭祀和典礼,"笾豆之事"即指祭祀和礼仪方面的事。

【译文】

曾子患了重病,孟敬子探望他。曾子说:"鸟将要死时,它的叫声是悲哀的;人将死时,他的话是善意的。在上位的人处世待人,要注重三个方面:容貌要严肃谦和,这样可以免遭粗暴傲慢;脸色要端庄,这样就能接近诚信;言辞语气要恰当,这样就能避免鄙陋粗野。至于礼仪中的具体事情,则由主管官吏去负责。"

第五章

曾子曰:"以能问于不能,以多问于寡;有若无,实若虚;犯而不校①。昔者吾友尝从事于斯矣。"

【注释】

①校:计较。

【译文】

曾子说:"有才能的人却向没有才能的人请教,学识丰富却向知识浅薄的人请教;有知识却像没知识一样,知识充实却像知识空虚一样;被人冒犯而不计较。从前我的一位朋友曾经这样做过。"

第六章

曾子曰:"可以托六尺之孤①,可以寄百里之命②,临大节而不可夺也。君子人与?君子人也!"

【注释】

①六尺之孤:孩子死去父亲,叫"孤"。六尺之孤,指尚未成年而登基

接位的年幼君主。

②百里：指代一个诸侯国。

【译文】

曾子说："可以把幼小的君主托付给他，可以把国家的命运托付给他，面临安危存亡的关头而不能动摇屈服。这种人可以称得上是君子吗？是君子啊！"

第七章

曾子曰："士不可以不弘毅①，任重而道远。仁以为己任②，不亦重乎？死而后已，不亦远乎？"

【注释】

①弘毅：刚强，勇毅。弘，广大，开阔，宽广。毅，坚强，果敢，刚毅。

②仁以为己任："以仁为己任"的倒装句。

【译文】

曾子说："读书人不可以不心胸宽广，意志坚强，（因为他）责任很重，路途遥远。把实现仁德作为自己的责任，这担子还不重吗？为仁奋斗到死才罢休，这路途还不遥远吗？"

子罕篇第九

第一章

子罕言利与命与仁。

【译文】
孔子很少谈论功利、天命和仁德。

第二章

达巷党人曰①:"大哉孔子!博学而无所成名。"子闻之,谓门弟子曰:"吾何执?执御乎?执射乎?吾执御矣。"

【注释】
①达巷党:达巷,地名。党,古代一种居民组织,五百家为一党。

【译文】
达巷那地方的人说:"孔子真伟大啊!学识渊博竟至于没有哪一方面可以使他成名。"孔子听说后,对门下弟子说:"我该专学哪一项技艺呢?驾车呢,还是射箭呢?我还是驾车吧。"

第三章

子曰:"麻冕①,礼也;今也纯,俭,吾从众。拜下,礼也;今拜乎上,泰也。虽违众,吾从下。"

【注释】

①麻冕:麻布礼帽。按规定,用做礼帽的麻布要用两千四百根麻线织成,很费工。后改用丝质礼帽,俭省了工力工时。

【译文】

孔子说:"用麻做礼帽,这是符合礼节的规定的;现在用丝做,省工了,我赞同大家的做法。(臣见君时,)先在堂下跪拜,(登堂后再拜,)这是礼的规定;现在大家只直接登堂拜见,太傲慢了,虽然与众不同,我还是主张遵礼,先在堂下跪拜。"

第四章

子绝四:毋意①,毋必,毋固,毋我。

【注释】

①意:通"臆",主观的想法,缺乏客观证据。

【译文】

孔子杜绝了四种缺点:不凭空猜想揣测,不事先定论,不固执己见,不自以为是。

第五章

子畏于匡①,曰:"文王既没,文不在兹乎?天之将丧斯文也,后死者不得与于斯文也;天之未丧斯文也,匡人其如予何?"

【注释】

①子畏于匡:据《史记·孔子世家》记载,孔子在去陈国途中曾路过匡地。匡人以前曾遭鲁国阳虎的残害,而孔子相貌颇像阳虎,被匡人误认为阳虎而围困起来。五天后,知道不是阳虎后才放了他。

【译文】

孔子在匡地被当地人拘押起来,说:"文王死后,古代文化遗产不就保存在我这里吗？如果上天要灭绝这些文化，我就不会掌握它了；如果上天不想灭绝这些文化，匡地的人又能把我怎么样？"

第六章

太宰问于子贡曰①："夫子圣者与？何其多能也？"子贡曰："固天纵之将圣，又多能也。"子闻之，曰："太宰知我乎！吾少也贱，故多能鄙事。君子多乎哉？不多也。"

【注释】
①太宰：官名。这里的太宰具体指谁，已无法考证。
【译文】
太宰向子贡问道："孔先生是圣人吗？为什么他这样多才多艺呢？"子贡说："本来就是上天要使他成为圣人，又给予他很多技艺呀。"孔子听说了这事，说："太宰了解我啊！我年轻时很贫贱，所以学会做许多低贱的技艺。（地位高的）君子技艺会多吗？不会多的。"

第七章

牢曰①："子云：'吾不试，故艺。'"

【注释】
①牢：人名，具体情况已无可考证。有人认为是孔子的弟子。
【译文】
牢说："孔子曾说：'我因为没有被国家重用，所以学得了一些技艺。'"

第八章

子曰："吾有知乎哉？无知也。有鄙夫问于我①，空空如也，我叩其两端而竭焉②。"

【注释】

①鄙夫：这里指乡村的人。鄙，周制，以五百家为"鄙"。后也称小邑、边邑为"鄙"。

②竭：完全，穷尽。

【译文】

孔子说："我有知识吗？没有知识。有个庄稼人来问我（一些问题），我（本来对这事）一无所知，便盘问他事情的来龙去脉，问题就全部掌握了。"

第九章

子曰："凤鸟不至①，河不出图②，吾已矣夫！"

【注释】

①凤鸟不至：传说舜和周文王时，都曾有凤凰飞来，所以古人认为凤凰出现就显示天下太平。

②河不出图：传说伏羲氏时，黄河中有一匹龙马，背上呈八卦一般的图纹，伏羲就以这图纹为蓝本创制了八卦。黄河龙马负图出现，古人认为意味着有圣人受命来治理天下。

【译文】

孔子说："凤凰不飞来，黄河不出现图画，我这辈子就算完了！"

乡党篇第十

第一章

孔子于乡党,恂恂如也,似不能言者。其在宗庙朝廷,便便①言,唯谨尔。

【注释】

①便便(biàn):形容说话清楚明白。便,通"辩"。

【译文】

孔子在家乡的时候,非常恭顺谦和,就像个不会说话的人。在宗庙里、朝廷上,说话清楚明白,只是开口慎重罢了。

第二章

朝,与下大夫言①,侃侃如也;与上大夫言,誾誾如也②。君在,踧踖如也③,与与如也。

【注释】

①下大夫:官名。周王室及诸侯各国,卿以下有大夫,分上、中、下三等。

②誾(yín):和颜悦色,而能中正诚恳,尽言相诤。

③踧踖(cù jí):恭敬而又不安的样子。

【译文】

(孔子)上朝时,(在君主来到之前,)同下大夫交谈,显出和气愉快的样子;与上大夫交谈,显出恭敬温和的样子。君主临朝时,显出恭敬、威仪适中的样子。

第三章

君召使摈①,色勃如也,足躩如也②。揖所与立,左右手,衣前后,襜如也③。趋进,翼如也。宾退,必复命曰:"宾不顾矣。"

【注释】

①摈(bìn):通"傧",是国君派遣的负责接待外国宾客的官员。
②躩(jué):快步前进,脚旋转而表敬意。
③襜(chān):整齐。

【译文】

鲁君召孔子,让他去做傧相。(孔子接待宾客时,)神情矜持庄重,走路快而平稳。向站在一起的人作揖,时而向左拱手,时而向右拱手,衣服前后摆动,整齐而不乱。(由中庭)快步向前,(两臂拱起)像鸟儿张开了翅膀。宾客告辞后,他总是回复国君说:"宾客已经远去了。"

第四章

入公门,鞠躬如也,如不容。立不中门,行不履阈。过位,色勃如也,足躩如也,其言似不足者。摄齐升堂①,鞠躬如也,屏气似不息者。出,降一等,逞颜色,怡怡如也。没阶,趋进,翼如也。复其位,踧踖如也。

【注释】

①齐(zī):衣服的下摆。

【译文】

(孔子)进入朝廷大门时,显出恭敬谨慎的样子,好像不容自己进去似的。不停立在门的中间,步行不踩门槛。经过国君(空着的)座位时,脸色顿时庄重起来,步子加快,话音放低,像说话力气不足似的。提起衣服的下摆上堂,谨慎小心的样子,敛身憋气,像停住了呼吸一般。从堂上退出,走下了一级台阶,脸色才舒展开来,显得轻松愉快。下完台阶,快步向前走,像鸟儿展翅一样。回到自己位置上,依然显出恭敬谨慎的样子。

第五章

执圭①,鞠躬如也,如不胜。上如揖,下如授。勃如战色,足蹜蹜②如有循。享礼,有容色。私觌③,愉愉如也。

【注释】

①圭:一种玉器,上圆下方,举行典礼时不同身份的人手执不同的圭。大夫出使外国时,所执之圭是自己代表君主出使的身份凭证。
②蹜(sù):脚步细碎紧密。
③觌(dí):见面,会见,以礼相见。

【译文】

孔子(出使到别国参加典礼时)手里拿着圭,小心谨慎,似乎拿不住的样子。向上举,像是作揖;向下拿,像是递给人东西。脸色庄重得战战兢兢,脚步细碎,步幅狭小,像在沿着什么行走。献礼物时,和颜悦色。到了以私人身份跟别国君臣相见时,显得非常轻松愉快。

第六章

君子不以绀緅饰,红紫不以为亵服①。当暑,袗絺绤②,必表而出之。缁衣,羔裘;素衣,麑裘;黄衣,狐裘。亵裘长,短右袂。必有寝衣,长一身有半。狐貉之厚以居。去丧,无所不佩。非帷裳,必杀之。羔裘玄冠不以吊。吉月,必朝服而朝。

【注释】

①古代帛的染色分许多道工序,一、二、三道染向红的方向,染成之色称纁;纁入黑汁为绀,绀(gàn)为深青透红色;绀再入黑汁为緅(zōu),緅黑于绀;緅入黑汁为玄;玄入黑汁为缁(zī),缁为纯黑。孔子不用绀緅镶边,

不用红紫为私居之服,其原因大体有两种解释。郑玄认为,绀緅紫色类乎玄色,红色类乎缁色,而玄、缁是祭服颜色,所以不宜用它们做镶边、亵(xiè)衣。又一说是认为它们都不是正色,讨厌它们夺了正色。

②袗绨绤(zhěn chī xì):袗,单衣。绨,细麻布。绤,粗葛布。

【译文】

君子不用深青透红的颜色做衣服领子和袖口的镶边,粉红色、紫色不用来做平时在家穿的便服。夏天,穿葛布单衣,必定是穿在内衣的外面。黑色的罩衣,配里面黑色的羔羊皮袍;白色的罩衣,配里面白色的鹿皮袍;黄色罩衣,配里面黄色的狐皮袍。在家穿的皮袄做得比一般衣服长一些,右边的袖子短一些。必定要有睡觉所用的小被,长度要有自身的一倍半。狐貉皮的厚毛用来做坐垫。丧期过后,便可以佩戴各种玉器装饰物。除了礼服(用整幅布做),(做其他衣服)必定要裁边。不穿黑羔羊皮袍、不戴黑色礼帽去吊丧。每年正月初一,一定要穿上上朝礼服去朝拜君主。

先进篇第十一

第一章

子曰:"先进于礼乐①,野人也②;后进于礼乐,君子也③。如用之,则吾从先进。"

【注释】

①"先进"句:指先在学习礼乐方面有所进益,先掌握了礼乐方面的知识。
②野人:这里指庶民,没有爵禄的平民。与世袭贵族相对。
③君子:这里指有爵禄的贵族,世卿子弟。

【译文】

孔子说:"先学习礼乐(而后获得官职)的,是原本无爵无禄普通的人;(先有官位)后学习礼乐的,是卿、士大夫等贵族。如果选用人,我赞成选用先学习礼乐的人。"

第二章

子曰:"从我于陈、蔡者①,皆不及门也②。"

【注释】

①从我于陈、蔡者:公元前489年,孔子带着颜渊、子路等弟子从陈国到蔡国去,途中曾遭陈国人围困,绝粮七天,弟子们饿得站不起来。后因楚人相助,才摆脱困境。
②门:指设家塾教育弟子的地方。

【译文】

孔子说:"曾跟随我在陈国、蔡国(经历过艰难困境)的弟子,现在都已不在我的门下了。"

第三章

德行:颜渊,闵子骞,冉伯牛,仲弓。言语:宰我,子贡。政事:冉有,季路。文学①:子游,子夏。

【注释】

①文学:指诗书礼乐等文化知识,即通晓西周文献典籍。

【译文】

(孔子弟子中)德行突出的有:颜渊,闵子骞,冉伯牛,仲弓。擅长辞令的有:宰我,子贡。善于处理政事的有:冉有,季路。通晓诗书礼乐等知识的有:子游,子夏。

第四章

子曰:"回也非助我者也,于吾言无所不说①。"

【注释】

①说:通"悦"。这里是说颜渊对孔子的话从来不提出疑问或反诘。

【译文】

孔子说:"颜回呀,他不是对我有所帮助的人,因为他对我所讲的话没有不心悦诚服的。"

第五章

子曰:"孝哉闵子骞!人不间于其父母昆弟之言①。"

【注释】

①间(jiàn):空隙,此是批判、非议的意思。昆:兄。

【译文】

孔子说:"闵子骞真孝啊!人们对于他父母兄弟(夸奖他孝顺)的话,挑剔不出毛病。"

第六章

南容三复白圭①,孔子以其兄之子妻之②。

【注释】

①白圭:这里指《诗经·大雅·抑》中有关白圭的四句诗:"白圭之玷,尚可磨也;斯言之玷,不可为也。"意思是白圭(一种珍贵而莹洁的玉)上的污点还能磨掉,人们言语中的错误却是不可挽回的,所以言语必须谨慎。

②妻:名词用作动词,做妻子。

【译文】

南容多次诵读有关"白圭"的那几句诗来告诫自己要谨慎,孔子便将自己哥哥的女儿嫁给了他。

第七章

季康子问:"弟子孰为好学?"孔子对曰:"有颜回者好学,不幸短命死矣,今也则亡①。"

【注释】

①此章句子,与《雍也》篇第三章大体一致而略简。

【译文】

季康子问道:"在你弟子中,谁最好学?"孔子回答说:"有个叫颜回的弟子最好学,不幸短命死了,现在没有像他那样好学的了。"

第八章

颜渊死,颜路请子之车以为之椁①。子曰:"才②不才③,亦各言其子也。鲤也死,有棺而无椁。吾不徒行以为之椁。以吾从大夫之后,不可徒行也。"

【注释】

①椁(guǒ):古代有地位的人,死后所用棺材至少有两层,里面一层叫棺,外面一层叫椁。
②才:有才能。此指颜渊。
③不才:没有才能。此指孔鲤。

【译文】

颜渊死了,(他父亲)颜路请求孔子把自己的车子卖了为颜渊买一具外椁。孔子说:"无论是有才能还是没有才能,各人讲起来也都是自己的儿子。我儿子鲤死的时候,也只有棺而没有椁。我不能为了给他买椁而卖掉车子步行。因为我以前曾经做过大夫,是不可以步行的。"

第九章

颜渊死,子曰:"噫!天丧予①!天丧予!"

【注释】

①丧:亡,使……灭亡。

【译文】

颜渊死了,孔子说:"唉!老天爷要我的命呀!老天爷要我的命呀!"

第十章

颜渊死,子哭之恸①。从者曰:"子恸矣!"曰:"有恸乎?非夫人之为恸而谁为②?"

【注释】

①恸:极度哀痛,悲伤。

②非夫人之为恸而谁为:即"非为夫人恸而为谁"的倒装。"之"是虚词,在语法上只起到帮助倒装的作用。

【译文】

颜渊死了,孔子为他哭得很悲痛。跟随的弟子说:"您太悲伤了!"孔子说:"太悲伤了吗?不为他这样的人悲伤,还能为谁悲伤呢?"

颜渊篇第十二

第一章

颜渊问仁。子曰:"克己复礼为仁。一日克己复礼,天下归仁焉。为仁由己,而由人乎哉?"颜渊曰:"请问其目①。"子曰:"非礼勿视,非礼勿听,非礼勿言,非礼勿动。"颜渊曰:"回虽不敏,请事斯语矣。"

【注释】

①目:纲目,条目,具体要点。

【译文】

颜渊问什么是仁。孔子说:"克制自己,言行符合礼就是仁。一旦做到这样,天下就会归于仁德了。修养仁德全在于自己,能靠别人吗?"颜渊说:"请问修养仁德的具体条目。"孔子说:"不符合礼的东西,不看;不符合礼的话,不听;不符合礼的话,不说;不符合礼的事,不做。"颜渊说:"我即使不才,也请让我照着先生的这番话去做吧。"

第二章

仲弓问仁①。子曰:"出门如见大宾,使民如承大祭。己所不欲,勿施于人。在邦无怨,在家无怨。"仲弓曰:"雍虽不敏,请事斯语矣。"

【注释】

①仲弓:冉雍,字仲弓。

【译文】

仲弓问怎样做到仁。孔子说:"平常出门就像要去见贵宾一样庄重,使用差遣百姓就像对待重要祭典一般严肃。自己不喜欢的事,不强加给别人。在诸侯那里任职,没有人怨恨你,在卿大夫那里任职,也没有人怨恨你。"仲弓说:"我虽然不才,也请让我照着先生的这番话去做吧。"

第三章

司马牛问仁①。子曰:"仁者,其言也讱②。"曰:"其言也讱,斯谓之仁已乎?"子曰:"为之难,言之得无讱乎?"

【注释】

①司马牛:姓司马,名耕,字子牛。孔子弟子。
②讱(rèn):不轻易出言,说话谨慎。

【译文】

司马牛问什么是仁。孔子说:"仁人,他的话是谨慎的。"司马牛又问:"说话谨慎,这就算仁了吗?"孔子说:"事情总是做起来难,说起话来能不谨慎吗?"

第四章

司马牛问君子。子曰:"君子不忧不惧。"曰:"不忧不惧,斯谓之君子已乎?"子曰:"内省不疚①,夫何忧何惧?"

【注释】

①疚:对于自己的错误感到内心惭愧,痛苦不安。

【译文】

司马牛问怎样才算是君子。孔子说:"君子不忧愁,不恐惧。"(司马牛)问:"不忧愁,不恐惧,这样就能称君子了吗?"孔子说:"反省自己而无所愧疚,那还有什么可忧愁、恐惧的呢?"

第五章

司马牛忧曰:"人皆有兄弟,我独亡①。"子夏曰:"商闻之矣:死生有命,富贵在天。君子敬而无失,与人恭而有礼。四海之内,皆兄弟也。君子何患乎无兄弟也?"

【注释】
①亡:通"无"。
【译文】
司马牛忧伤地说:"别人都有兄弟,唯独我没有。"子夏说:"我听说过这么一句话:死生各有命运主宰,富贵都是上天安排。君子只要做事严肃认真,没有过失,对待别人恭敬有礼就是了,那天下的人,都是你的兄弟。君子何必愁没有兄弟呢?"

第六章

子张问明。子曰:"浸润之谮①,肤受之愬②,不行焉,可谓明也已矣。浸润之谮,肤受之愬,不行焉,可谓远也已矣。"

【注释】
①谮(zèn):诬陷、中伤人的谗言。
②愬(sù):诬告。
【译文】
子张问怎样才算心明眼亮。孔子说:"使人不知不觉受害的谗言,以及切肤般的诬告,对你都行不通,那你可说是心明眼亮了。使人不知不觉受害的谗言,切肤般诬告,对你都行不通,那你可说是有远见了。"

第七章

子贡问政。子曰:"足食,足兵①,民信之矣。"子贡曰:"必不得已而去,于斯三者何先?"曰:"去兵。"子贡曰:"必不得已而去,于斯二者何先?"曰:"去食。自古皆有死,民无信不立。"

【注释】

①兵:兵器,武器。这里指军备。

【译文】

子贡问怎样处理政事。孔子说:"(要使)粮食充足,军备充足,百姓信任政府。"子贡问:"如果迫不得已要在粮食、军备、百姓信任政府这三者中去掉一项,那么哪一项先去掉?"孔子说:"去掉军备。"子贡又问:"如果迫不得已再去掉一项,那么在剩下的粮食、百姓信任政府两项中先去掉哪一项?"孔子说:"去掉粮食。自古以来谁都免不了一死,而百姓不信任政府,它就站立不住。"

子路篇第十三

第一章

子路问政。子曰:"先之①,劳之。"请益。曰:"无倦。"

【注释】

①先:导,引导,教导。

【译文】

子路问怎样管理政事。孔子说:"自己带头去做,然后役使百姓去做。"子路请求多讲一点儿,孔子说:"按上面说的去做不要倦怠就行。"

第二章

仲弓为季氏宰,问政。子曰:"先有司①,赦小过,举贤才。"曰:"焉知贤才而举之?"子曰:"举尔所知;尔所不知,人其舍诸?"

【注释】

①有司:管理各项具体事务的官吏,主官的下属。

【译文】

仲弓担任季氏的家臣,问孔子怎样管理政事。孔子说:"对手下办事的人,宽恕他们的小过错,选拔贤能的人才。"仲弓问:"怎么知道哪些是贤能的人而提拔他们呢?"孔子说:"提拔你所了解的人;至于你所不了解的人,别人难道会把他们埋没了吗?"

第三章

子路曰:"卫君待子而为政①,子将奚先②?"子曰:"必也正名乎!"子路曰:"有是哉,子之迂也!奚其正?"子曰:"野哉,由也!君子于其所不知,盖阙如也③。名不正,则言不顺;言不顺,则事不成;事不成,则礼乐不兴;礼乐不兴,则刑罚不中;刑罚不中,则民无所错手足④。故君子名之必可言也,言之必可行也。君子于其言,无所苟而已矣。"

【注释】

①卫君:卫出公蒯辄。

②奚:何,什么。

③阙如:存疑;对还没搞清楚的疑难问题暂时搁置,不下判断;对缺乏确凿根据的事,不武断,不妄说。阙,通"缺"。

④错:通"措",放置,安排,处置。

【译文】

子路说:"如果卫国国君等您去主持政事,您打算先做什么事?"孔子说:"必定是先正名分呀!"子路说:"您真的迂腐到这个地步啊!要正什么名分?"孔子说:"仲由,你真粗野无礼啊!君子对于他所不懂的道理,大概都应采取存疑的态度。名分不正,说话就不顺理;说话不顺理,事情就办不成;事情办不成,礼乐制度就建立不起来;礼乐制度建立不起来,运用刑罚就不得当;刑罚不得当,百姓就会手足无措。所以君子确定一个名分,必定是能说得清楚的,能说得清楚必定是行得通的。君子对于自己说的话,没有一点随便、马虎才行呢。"

第四章

樊迟请学稼。子曰:"吾不如老农。"请学为圃。曰:"吾不如老圃。"樊迟出。子曰:"小人哉,樊须也①!上好礼,则民莫敢不敬;上好义,则民莫敢不服;上好信,则民莫敢不用情。夫如是,则四方之民襁负其子而至矣②,焉用稼?"

【注释】

①樊须:即樊迟。

②襁(qiǎng):又称背单,背负小孩用的布单或布带。

【译文】

樊迟向孔子请教种庄稼。孔子说:"这我不如老农民。"又请教种菜。孔子说:"这我不如老菜农。"樊迟退了出去。孔子说:"这个樊须真是没见识的小人啊!当权者爱好礼仪,百姓就没有谁敢不尊敬;当权者爱好道义,百姓就没有谁敢不服从;当权者爱好诚信,百姓就没有谁敢不以真心待人。如果这样做的话,四方的百姓就会背着孩子来投奔,哪用得着自己去种庄稼呢?"

第五章

子曰:"诵《诗》三百,授之以政,不达①;使于四方,不能专对②;虽多,亦奚以为③?"

【注释】

①达:通达,通晓;会处理,会运用。

②专对:即根据外交的具体情况,随机应变,独立行事,回答问题,办理交涉。

③为:句末语气助词,表示感慨或疑问。

【译文】

孔子说:"熟读了《诗经》三百篇,交给他政事,却办不通;出使到了外国,却不能独立地应对;(像这样)即使读得再多,又有什么用呢?"

第六章

子曰:"其身正,不令而行;其身不正,虽令不从。"

【译文】

孔子说:"当权者如果自身品行端正,那么不用号令,百姓就会去做;如果自身品行不端正,那么即使发了号令,百姓也不会服从。"

第七章

子曰:"鲁卫之政①,兄弟也。"

【注释】

①鲁卫之政:鲁国是周公(姬旦)的封地,卫国是周公的弟弟康叔的封地。鲁、卫本兄弟之国,后来衰乱又相似,孔子遂有这样的感叹。

【译文】

孔子说:"鲁国和卫国的政事,像兄弟一样(相似)。"

第八章

子谓卫公子荆,"善居室①。始有,曰:'苟合矣②。'少有,曰:'苟完矣。'富有,曰:'苟美矣。'"

【注释】

①善居室:善于管理家业和财务经济,会过日子。
②苟:差不多,也算是。

【译文】

孔子谈到卫国的公子荆时说:"他善于理财管家。开始有了一点儿家产时,便说:'凑合够用了。'财物稍微增加了一点时,便说:'差不多完备了。'财物比较富足时,便说:'差不多是完美了。'"

第九章

子适卫,冉有仆。子曰:"庶矣哉①!"冉有曰:"既庶矣,又何加焉?"曰:"富之。"曰:"既富矣,又何加焉?"曰:"教之。"

【注释】

①庶(shù):多。

【译文】

孔子到卫国去,冉有驾车。孔子说:"(卫国)人真多啊!"冉有问:"人口已经多了,进一步该怎么办?"孔子说:"让他们富裕。"又问:"富裕之后,再进一步又该怎么办?"孔子说:"教育他们。"

第十章

子曰:"苟有用我者,期月而已可也①,三年有成。"

【注释】

①期月:周一年十二个月,即一周年。期(jī),周。

【译文】

孔子说:"假如有人任用我治理国家,一年便能有所起色,三年便能大见成效。"

宪问篇第十四

第一章

宪问耻①。子曰:"邦有道,谷;邦无道,谷,耻也。""克、伐、怨、欲不行焉,可以为仁矣?"子曰:"可以为难矣,仁则吾不知也。"

【注释】
①宪:姓原,名宪,字子思。孔子的学生。

【译文】
原宪问什么是耻辱。孔子说:"国家有道时,可以做官享用俸禄;国家无道时,也去做官享用俸禄,这就是耻辱。"(原宪又问:)"好胜、自夸、怨恨、贪欲,这些毛病都没有,可以算是仁了吧?"孔子说:"可以说是难能可贵的了,至于是否算仁,我不知道。"

第二章

子曰:"士而怀居①,不足以为士矣。"

【注释】
①怀:留恋,思念。

【译文】
孔子说:"一个读书人如果眷恋在家的安逸生活,就不配称作读书人了。"

第三章

子曰:"邦有道,危言危行①;邦无道,危行言孙②。"

【注释】

①危:正、正直。
②孙(xùn):通"逊",谦逊,恭顺。

【译文】

孔子说:"国家有道时,要言语正直,行为正直;国家无道时,要行为正直,言事谨慎。"

第四章

子曰:"有德者必有言,有言者不必有德。仁者必有勇,勇者不必有仁。"

【译文】

孔子说:"有德行的人必定有好言论,有好言论的人不一定就有德行。仁人必定勇敢,勇敢的人不一定就有仁德。"

第五章

南宫适问于孔子曰①:"羿善射②,奡荡舟③,俱不得其死然。禹、稷躬稼而有天下④。"夫子不答。南宫适出。子曰:"君子哉若人!尚德哉若人!"

【注释】

①南宫适(kuò):即孔子弟子南容。
②羿(yì):古代传说中有三个羿,都是射箭能手。这里指夏代有穷国的

君主,曾篡夺夏太康的王位,后被其臣寒浞(zhuó)杀掉。

③奡(ào):传说是一个善于水战的大力士,后被夏少康所杀。荡舟:指水战。

④禹、稷:禹,传说是尧、舜之臣,因治水有功,继承了舜的帝位,成为夏代开国君主。稷,即后稷,名弃,舜时农官,曾教民农作,后封于邰,是周朝先祖。

【译文】

南宫适问孔子,说:"羿擅长射箭,奡擅长水战,但都不得好死。禹和稷亲自耕种,却得了天下。"孔子没有答话。南宫适退出。孔子说:"这个人真是君子啊!这个人真是崇尚道德啊!"

第六章

子曰:"君子而不仁者有矣夫,未有小人而仁者也。"

【译文】

孔子说:"君子里面不仁的人是有的,但小人里面却没有有仁德的人。"

第七章

子曰:"爱之,能勿劳乎①?忠焉,能勿诲乎?"

【注释】

①劳:勤劳,劳苦,操劳。此有进行劳动教育的含意。

【译文】

孔子说:"爱一个人,能不让他勤劳吗?诚心对待一个人,能不教诲他吗?"

第八章

子曰:"为命,裨谌草创之①,世叔讨论之②,行人子羽修饰之③,东里子产润色之④。"

【注释】

①裨谌(pí chén):郑国大夫。

②世叔:郑国大夫。

③行人子羽:行人,官名,管朝觐聘问等外事;子羽,郑国大夫公孙挥的字。

④东里子产:郑国大夫。东里是地名,子产所居之地。

【译文】

孔子说:"(郑国)制定外交政策法令,先由裨谌起草,再由世叔审议,然后由外交官子羽修改加工,最后由东里子产进行文字上的润色修饰完成。"

第九章

或问子产①。子曰:"惠人也。"问子西②。曰:"彼哉!彼哉!"问管仲③。曰:"人也。夺伯氏骈邑三百④,饭疏食,没齿无怨言。"

【注释】

①子产:见《公冶长》篇第十六章注。

②子西:即郑子西,与子产为同宗兄弟,因两人在郑相继执政,而使优劣相形易见。下说"彼哉!彼哉!"含有不值得称许之意。

③管仲:见《八佾》篇第二十二章注。

④伯氏:齐国大夫,因罪被管仲依法下令剥夺采邑三百户。由于管仲执法公允,故伯氏至死无怨言。骈(pián)邑,齐国地名。

【译文】

有人问子产是个怎样的人,孔子说:"是个宽厚慈爱的人。"又问到子西,孔子说:"他呀!他呀!"又问到管仲,孔子说:"是个人才。他剥夺了伯氏骈邑三百户的封地,使伯氏只得吃粗粮过日子,但至死(他对管仲)都没有怨言。"

第十章

子曰:"贫而无怨难,富而无骄易。"

【译文】

孔子说:"贫困但没有怨恨,很难做到;富有却不傲慢,则容易做到。"

卫灵公篇第十五

第一章

卫灵公问陈于孔子①。孔子对曰:"俎豆之事②,则尝闻之矣;军旅之事,未之学也。"明日遂行。

【注释】
①陈:通"阵"。
②俎豆之事:俎、豆,都是古代盛食物的器皿,举行礼仪时可用作礼器。俎豆之事,即指礼仪之事。

【译文】
卫灵公向孔子询问打仗怎样布阵。孔子回答说:"礼仪方面的事,我曾听说过;军队方面的事,我从来没有学习过。"第二天,孔子就离开了卫国。

第二章

在陈绝粮,从者病①,莫能兴②。子路愠见曰:"君子亦有穷乎?"子曰:"君子固穷③,小人穷斯滥矣④。"

【注释】
①病:苦,困。这里指饿极了,饿坏了。
②兴:起来,起身。这里指行走。
③固:安守,固守。
④滥:像水一样漫溢、泛滥。比喻人不能约束自己,什么事都干得

出来。

【译文】

(孔子一行)在陈国(被围困而)断了粮,跟随他的弟子都饿倒了,站立不起来。子路满是怨气地去见孔子,说:"君子也有穷困的时候吗?"孔子说:"君子在穷困时能坚守住节操,小人穷困就会为所欲为了。"

第三章

子曰:"赐也①,女以予为多学而识之者与?"对曰:"然,非与?"曰:"非也,予一以贯之②。"

【注释】

①赐:端木赐,字子贡。
②一:一个基本的原则、思想。孔子这里指的是"忠恕"之道。

【译文】

孔子说:"赐呀,你以为我是学得知识多又记得住吗?"子贡回答说:"是的,难道不是这样吗?"孔子说:"不是的,我是能够用一个基本思想贯穿学问的。"

第四章

子曰:"由,知德者鲜矣。"

【译文】

孔子说:"仲由呀,懂得'德'的人确实太少啦!"

第五章

子曰:"无为而治者,其舜也与①?夫何为哉?恭己正南面而已矣。"

【注释】

①传说舜善于任用贤人来管理各方面的事情,所以不需要自己亲自操劳政事而天下太平。这就是"无为而治"的意思。

【译文】

孔子说:"自己不做什么而使天下太平的人,大概只有舜吧?他做了些什么呢?只是自己恭敬端正地面朝南,坐在君王的位置上罢了。"

第六章

子张问行。子曰:"言忠信,行笃敬,虽蛮貊之邦①,行矣。言不忠信,行不笃敬,虽州里,行乎哉?立则见其参于前也②,在舆则见其倚于衡也,夫然后行。"子张书诸绅。

【注释】

①蛮:南蛮,泛指南方边疆少数民族。貊(mò):北狄,泛指北方边疆少数民族。

②参:本意为直、高。这里引申为像一个高大的东西直立在眼前。

【译文】

子张问怎样(使自己的主张)行得通。孔子说:"说话真诚守信,做事厚道谨慎,那么即使到了少数民族的偏僻国家也能行得通。如果说话不真诚守信,做事不厚道谨慎,那么即使在本乡本土,又怎能行得通呢?站着时,似乎就看见'忠信笃敬'几个字展现在自己面前;坐车时,似乎就看见这几个字呈现在车辕的横木上,做到这样就能使自己的主张处处行得通了。"子张把这些话写在自己的衣带上。

第七章

子曰:"直哉史鱼①!邦有道,如矢;邦无道,如矢。君子哉蘧伯玉!邦有道,则仕;邦无道,则可卷而怀之。"

【注释】

①史鱼:卫国大夫,姓史,名鳝(qiū),字子鱼。《韩诗外传》记载:史鱼曾多次劝谏卫灵公进用蘧伯玉,贬退弥子瑕,未被接受。史鱼因此感到没有尽职,临终前告诉儿子不要在正堂上为自己治丧。死后,儿子遵嘱治丧,卫灵公得知此事后便起用了蘧伯玉,贬黜了弥子瑕。史鱼生以身谏,死以尸谏,人们赞扬他正直。

【译文】

孔子说:"史鱼是多么正直啊!国家有道时,他像箭一样刚直;国家无道时,也像箭一样刚直。蘧伯玉真是个君子啊!国家有道时,他就出来做官;国家无道时,他就(不做官)收起才能退隐起来。"

季氏篇第十六

第一章

季氏将伐颛臾①。冉有、季路见于孔子曰："季氏将有事于颛臾。"孔子曰："求！无乃尔是过与？夫颛臾，昔者先王以为东蒙主②，且在邦域之中矣，是社稷之臣也。何以伐为？"

冉有曰："夫子欲之，吾二臣者皆不欲也。"孔子曰："求！周任有言曰③：'陈力就列，不能者止。'危而不持，颠而不扶，则将焉用彼相矣④？且尔言过矣。虎兕出于柙，龟玉毁于椟中，是谁之过与？"

冉有曰："今夫颛臾，固而近于费⑤，今不取，后世必为子孙忧。"孔子曰："求！君子疾夫舍曰欲之而必为之辞。丘也闻有国有家者，不患寡而患不均，不患贫而患不安⑥。盖均无贫，和无寡，安无倾。夫如是，故远人不服，则修文德以来之。既来之，则安之。今由与求也，相夫子，远人不服，而不能来也，邦分崩离析，而不能守也；而谋动干戈于邦内。吾恐季孙之忧，不在颛臾，而在萧墙之内也⑦。"

【注释】

①颛臾(zhuān yú)：春秋时一个小国，鲁国的附庸国。相传为伏羲氏之后，故城在今山东省蒙阳县。

②东蒙：即东蒙山，一名蒙山，在鲁国东部。

③周任：古代一位有名的史官。

④相：扶瞎子走路的人。

⑤费：鲁国的一个小城邑，季氏的封邑，其地在今山东费县。

⑥不患寡而患不均，不患贫而患不安：上句"寡"字与下句"贫"字互倒。俞樾《古书疑义举例》卷六："此本作'不患贫而患不均，不患寡而患不安。'"译文据之。

⑦当时季氏权势很大，把持鲁国政事，鲁哀公想削弱其势力。因颛臾靠近季氏封地，季氏便担心它被哀公利用而对自己不利，所以要攻打它。孔子这句话道破了季氏伐颛臾的真实意图。萧墙，面对宫门的小墙，如同后世的"照壁"，人臣至此便会肃然起敬，故称"萧墙"。萧：同"肃"。"萧墙之内"是暗指鲁君。

【译文】

季氏将要兴兵攻打颛臾。冉有、季路来见孔子，告诉他说："季氏将要对颛臾采取军事行动。"孔子说："冉求，这怕是你的过错吧？那个颛臾，从前先王封他做东蒙山主祭人，况且它是在鲁国的疆域之内的，是鲁国的臣属。凭什么理由攻打它呢？"

冉有说："是季氏想要攻打，我们两人都不主张这样。"孔子说："冉求！周任有句话说：'能施展才能，就去任职；不能胜任，就该辞职。'盲人走到了危险的地方却不去搀住他，跌倒了却不去扶起他，那么还要那个帮助瞎子的人干什么？再说，你的话显然是错了。老虎、犀牛从笼子里逃了出来，龟甲、宝玉毁坏在匣子中，这是谁的过失呢？"

冉有说："那个颛臾国，城墙坚固，又靠近（季孙的封地）费邑，现在如果不攻打，到了后世必然会成为（季氏）子孙的祸患。"孔子说："冉求！君子讨厌那种不说要这样做却硬要为这样做另找借口的人。我听说过，当诸侯当大夫的，不担心贫穷而担心分配不均，不担心人口少而担心不安定。分配均匀了便不觉得贫困，和睦团结了便不觉得人少，境内安定了国家便不会倾覆。正因为这样，所以当远方的人不愿归服时，就要搞好礼乐教化使他们来投奔。来了之后，还要使他们安心定居。现在你们两人辅佐季氏，远方的人不归服，却不能使他们来投奔；国家不统一，分崩离析，你们不能好好保全，反而策划在国内兴师动武。我看，只怕季孙所担心的，不在于颛臾，而在于鲁国宫墙之内啊。"

第二章

孔子曰:"天下有道,则礼乐征伐自天子出;天下无道,则礼乐征伐自诸侯出。自诸侯出,盖十世希不失矣①;自大夫出,五世希不失矣;陪臣执国命②,三世希不失矣。天下有道,则政不在大夫。天下有道,则庶人不议。"

【注释】

①希:通"稀",少有。
②陪臣:卿、大夫的家臣。

【译文】

孔子说:"天下太平时,礼乐制度和征伐都由天子决定;天下混乱时,礼乐制度和征伐便由诸侯擅自做主。礼乐征伐由诸侯做主,很少有传到十代而政权不丧失的;如果由大夫做主,很少有传到五代而政权不丧失的;如果大夫的家臣操纵了国家政权,那就很少有传到三代而政权不丧失的。天下太平,政权不会落到大夫手中。天下太平,百姓不会议论朝政。"

第三章

孔子曰:"禄之去公室五世矣,政逮于大夫四世矣①,故夫三桓之子孙微矣②。"

【注释】

①五世、四世:鲁文公十八年(公元前608年),鲁国大夫襄仲杀文公太子恶而立宣公,从此国家政权落入大夫手中。这种局面,到孔子说这话的时候,已经历了宣公、成公、襄公、昭公、定公这五代;从大夫季氏最初把持政权,至此已经历了文子、武子、平子、桓子这四代。

②三桓:鲁国的孟孙氏、叔孙氏、季孙氏,都是鲁桓公的后代,时称"三桓"。

【译文】

孔子说:"政权从朝廷公室手中失去已经有五代了,政权落入大夫手中已经有四代了,所以鲁桓公的三房子孙也到衰微的时候了。"

第四章

孔子曰:"益者三友,损者三友。友直,友谅①,友多闻,益矣。友便辟②,友善柔③,友便佞④,损矣。"

【注释】

①谅:诚信。
②便辟(pián pì):习于摆架子装样子,内心却邪恶不正。
③善柔:善于阿谀奉承,内心却无诚信。
④便佞(nìng):善于花言巧语,而言不符实。

【译文】

孔子说:"有益的朋友有三种,有害的朋友有三种。同正直的人交友,同守信用的人交友,同见闻多的人交友,就有好处。同虚假做作的人交友,同谄媚奉承的人交友,同花言巧语的人交友,就有害了。"

阳货篇第十七

第一章

阳货欲见孔子①,孔子不见,归孔子豚②。孔子时其亡也③,而往拜之。遇诸途。谓孔子曰:"来!予与尔言。"曰:"怀其宝而迷其邦,可谓仁乎?"曰:"不可。""好从事而亟失时,可谓知乎?"曰:"不可。""日月逝矣,岁不我与。"孔子曰:"诺,吾将仕矣。"

【注释】

①阳货:又叫阳虎,鲁国大夫季氏的家臣,曾一度把持季氏家的大权和鲁国政权,后因权力斗争失利而逃往齐国、晋国。孔子站在正统立场上,对阳货的所作所为一向持反对态度,称他是"陪臣执国命",所以不愿见他。

②归孔子豚(tún):归,通"馈"(kuì),赠送。当时礼节规定,大夫赏赐东西给士,如果士未能在家当面受赐,过后就要亲自上大夫家拜谢。

③时:通"伺",窥伺。

【译文】

阳货想叫孔子来见他,孔子不去,阳货便送一只蒸熟的小猪给孔子(使得孔子非得去他家拜谢)。孔子趁阳货外出时上他家去道谢。(不料)在路上相遇了。阳货对孔子说:"来!我有话对你说。"接着说:"怀藏着仁德才智(不出来做官),却听任他的国家迷途失道,这能算仁吗?"(孔子)说:"不能。"(阳货又说:)"想参政,却又多次错失时机,这能算聪明吗?"(孔子)说:"不能。"(阳货又说:)"岁月不停地流逝,岁月不会等人呀。"孔子说:"好,我准备去做官了。"

第二章

子曰:"性相近也①,习相远也②。"

【注释】

①性:人的本性,性情,先天的智力、气质。

②习相远:指由于社会影响,所受教育不同,习俗、习气的沾染有别,人的后天的行为习惯会有很大差异。这里孔子是勉励人为学,通过学习提高自己的修养。

【译文】

孔子说:"人的天性本来是相近的,由于习俗、教育不同便逐渐差得远了。"

第三章

子曰:"唯上知与下愚不移①。"

【注释】

①知:通"智"。

【译文】

孔子说:"只有上等聪明的人和下等愚笨的人是不可改变性情的。"

第四章

子之武城①,闻弦歌之声。夫子莞尔而笑,曰:"割鸡焉用牛刀②?"子游对曰③:"昔者偃也闻诸夫子曰:'君子学道则爱人,小人学道则易使也。'"子曰:"二三子!偃之言是也。前言戏之耳。"

【注释】

①武城:鲁国的一个小城邑,子游当时任武城长官。
②这是个比喻,意思是治理一个小城邑,哪用得着施行礼乐教化。
③子游:孔子弟子言偃的字。

【译文】

孔子到了武城,听到弹琴唱歌的声音。孔子微微一笑,说道:"杀鸡哪用得着宰牛刀?"子游答道:"以前我听老师说过:'君子学了(礼乐的)道理,就会有仁爱之心,老百姓学了(礼乐的)道理,就容易听使唤。'"孔子说:"弟子们!言偃的话是对的啊。我前面那句话是同他开玩笑罢了。"

第五章

公山弗扰以费畔①,召,子欲往。子路不说,曰:"末之也已,何必公山氏之之也?"子曰:"夫召我者,而岂徒哉?如有用我者,吾其为东周乎!"

【注释】

①公山弗扰:又叫公山不狃(niǔ),季氏家臣,鲁定公九年(公元前501年)在费邑反叛季氏。费:季氏封邑。畔:同"叛",谋反。

【译文】

公山弗扰占据费邑,反叛季氏,召孔子去,孔子打算去。子路不高兴,说:"没有可去的地方就不去罢了,为什么非要到公山氏那里去呢?"孔子说:"那个叫我去的人,难道会白白召我去?如果有人任用我,我或许还能在东方复兴周朝的礼乐制度呢!"

第六章

子张问仁于孔子。孔子曰:"能行五者于天下,为仁矣。""请问之。"曰:"恭,宽,信,敏,惠。恭则不侮,宽则得众,信则人任焉,敏则有功,惠则足以使人。"

【译文】

子张向孔子询问怎样做可以称仁。孔子说:"能够在天下施行五种品德,就可以称仁了。"子张说:"请问哪五种。"孔子说:"恭敬,宽厚,信实,勤敏,慈惠。恭敬就不会招来侮辱,宽厚就能得到众人拥护,信实就会得到别人任用,勤敏就会有成绩,慈惠就足以使唤人。"

第七章

佛肸召①,子欲往。子路曰:"昔者由也闻诸夫子曰:'亲于其身为不善者,君子不入也。'佛肸以中牟畔,子之往也,如之何?"子曰:"然,有是言也。不曰坚乎,磨而不磷;不曰白乎,涅而不缁。吾岂匏瓜也哉?焉能系而不食?"

【注释】

①佛肸(bì xī):晋国大夫范氏的家臣,中牟(范氏封邑)的长官。公元前490年,晋国大夫赵简子借晋侯名义攻打范氏,围中牟,佛肸抗拒赵简子。佛肸召孔子即在此时。下文所说的"畔",是指反叛晋侯。

【译文】

佛肸召孔子,孔子想去。子路说:"过去我听老师说过:'自身做坏事的人,君子不到他那里去。'佛肸占据中牟反叛,您却要去他那里,这该怎么解释呢?"孔子说:"是的,有这句话。不是说坚硬的东西磨而不薄,洁白的东西染而不黑吗?我难道是个苦味的葫芦吗?怎么能只悬挂在那里不被人食用?"

第八章

子曰:"由也,女闻六言六蔽矣乎①?"对曰:"未也。""居②!吾语女。好仁不好学,其蔽也愚;好知不好学③,其蔽也荡;好信不好学,其蔽也贼;好直不好学,其蔽也绞;好勇不好学,其蔽也乱;好刚不好学,其蔽也狂。"

【注释】

①蔽:同"弊",弊病,害处。
②居:坐。
③知:通"智"。

【译文】

孔子说:"仲由,你听说过六种品德、六种弊病吗?"子路答道:"没有。"(孔子说:)"坐下,我告诉你。爱好仁德而不爱学习,它的弊病是使人愚笨;爱好聪智而不爱学习,它的弊病是使人轻浮无根底;爱好诚实而不爱学习,它的弊病是伤害大义;爱好直率而不爱学习,它的弊病是语急伤人;爱好勇敢而不爱学习,它的弊病是犯法作乱;爱好刚强而不爱学习,它的弊病是狂妄自大。"

微子篇第十八

第一章

微子去之①,箕子为之奴②,比干谏而死③。孔子曰:"殷有三仁焉。"

【注释】

①微子:名启,纣王的哥哥。
②箕子:纣王的叔父。他进谏纣王,纣王不听。于是披发佯狂,后被纣王降为奴隶。
③比干:纣王的叔父,曾多次力谏纣王,纣王恼羞成怒,将比干剖心杀害。

【译文】

(纣王无道,)微子离他而去,箕子被降为他的奴隶,比干由于竭力进谏而惨死。孔子说:"殷朝有三位仁人。"

第二章

柳下惠为士师①,三黜②。人曰:"子未可以去乎③?"曰:"直道而事人,焉往而不三黜?枉道而事人,何必去父母之邦④?"

【注释】

①士师:古代掌管司法刑狱的官员。
②三黜(chù):多次被罢免。"三",表示多次,不一定只有三次。
③去:离开。

④父母之邦:父母所在之国,即本国,祖国。

【译文】

柳下惠担任(鲁国的)法官,多次被罢官。有人对他说:"您不能离开鲁国吗?"柳下惠说:"坚持按正道侍奉君主,到哪里能不遭到多次罢官?如果不按正道侍奉君主,那又何必离开祖国?"

第三章

齐景公待孔子曰①:"若季氏,则吾不能;以季、孟之间待之②。"曰:"吾老矣,不能用也。"孔子行。

【注释】

①齐景公:齐国国君。这里的"待孔子",具体似指赋予孔子职权。

②季、孟之间:季,即季孙氏,鲁国大夫,位在上卿,权力很大。孟,即孟孙氏,鲁国大夫,位在下卿。

【译文】

齐景公谈打算怎样对待孔子时说:"像鲁君对待季氏那样对待他,我做不到;我想用介于季氏和孟氏之间的礼遇对待他。"后来又说:"我老了,不能用他了。"孔子于是离开了齐国。

子张篇第十九

第一章

子张曰:"士见危致命①,见得思义②,祭思敬,丧思哀,其可已矣。"

【注释】
①致命:授命,舍弃生命。
②思:反省,考虑。

【译文】
子张说:"一个士人,遇见危难能献出生命,遇到有所得能考虑是否合于义,祭祀时想到虔诚恭敬,居丧时想到哀痛悲戚,那就可以了。"

第二章

子张曰:"执德不弘,信道不笃,焉能为有?焉能为亡①?"

【注释】
①"焉能"两句:这两句是说这种人的德与道虽有若无。

【译文】
子张说:"拥有道德但不能弘扬光大,信仰道义但不能忠诚执着,这种人怎么能说他有道德有信仰?怎么能说他没有道德没有信仰?"

第三章

子夏之门人问交于子张。子张曰:"子夏云何?"对曰:"子夏曰:'可者与之,其不可者拒之。'"子张曰:"异乎吾所闻:君子尊贤而容众,嘉善而矜不能①。我之大贤与,于人何所不容？我之不贤与,人将拒我,如之何其拒人也？"

【注释】
①矜:怜悯,怜恤,同情。
【译文】
子夏的门人向子张询问应该怎样交朋友。子张先问他:"子夏怎么说？"那位学生回答道:"子夏说:'可以交朋友的,就同他交往,不可以交朋友的,就拒绝同他交往。'"子张说:"这同我听说的道理不一样:君子尊敬贤人,同时容得下一般的人；称赞有德才的人,同时也同情没有能力的人。如果我自己是个很好的人,那么同谁不能相容相处呢？如果我是个不好的人,别人就会拒绝同我交往,那我怎么可能去拒绝别人呢？"

第四章

子夏曰:"虽小道,必有可观者焉；致远恐泥①,是以君子不为也。"

【注释】
①泥(nì):留滞,拘泥。
【译文】
子夏说:"即使是小技艺,也一定有可取之处；但要想靠它去达到远大的目标,怕是行不通,所以君子不搞那些小技艺。"

第五章

子夏曰:"日知其所亡①,月无忘其所能,可谓好学也已矣。"

【注释】
①亡:通"无"。这里指自己所没有的知识、技能,所不懂的道理等。

【译文】

子夏说:"每天学到自己所没有的知识,每月不忘自己已掌握的知识,这样就可以说是好学了。"

第六章

子夏曰:"博学而笃志,切问而近思,仁在其中矣。"

【译文】

子夏说:"广泛学习,坚定志向,恳切地提出疑问,联系当前情况思考,仁德就在这中间了。"

第七章

子夏曰:"百工居肆以成其事①,君子学以致其道。"

【注释】

①肆:指作坊,即古代制造物品的场所。

【译文】

子夏说:"各类工匠在作坊里完成他们的工作,君子通过学习来掌握他所追求的道理。"

第八章

子夏曰:"小人之过也必文。"

【译文】

子夏说:"小人对自己的过失,必定会加以掩饰。"

第九章

子夏曰:"君子有三变:望之俨然,即之也温,听其言也厉。"

【译文】

子夏说:"君子给人有三种不同的印象:远看他,端庄严肃的样子;接触他,又觉得他温和;听他说话,却又十分严正。"

第十章

子夏曰:"君子信而后劳其民①;未信,则以为厉己也②。信而后谏;未信,则以为谤己也。"

【注释】

①劳:指役使,让百姓去服劳役。
②厉:虐待,折磨,坑害。

【译文】

子夏说:"君子先要取得百姓信任,然后才能役使百姓;如果还未取得信任(就役使他们),百姓就会认为是在虐待他们。君子先要取得国君信任,然后才能进谏;如果还没取得信任就去进谏,国君就会认为是在毁谤他。"

尧曰篇第二十

第一章

尧曰:"咨!尔舜!天之历数在尔躬,允执其中。四海困穷,天禄永终。"

舜亦以命禹。

曰:"予小子履敢用玄牡①,敢昭告于皇皇后帝:有罪不敢赦。帝臣不蔽②,简在帝心。朕躬有罪③,无以万方;万方有罪,罪在朕躬。"

周有大赉④,善人是富。"虽有周亲,不如仁人。百姓有过,在予一人。"

谨权量,审法度,修废官,四方之政行焉。兴灭国,继绝世,举逸民,天下之民归心焉。

所重:民、食、丧、祭。

宽则得众,信则民任焉,敏则有功,公则说⑤。

【注释】

①小子履:汤对天祷告时的自称。汤,商朝开国君主,名履。
②帝臣:天下的一切贤人都是天帝之臣。
③朕:我。古人不论地位尊卑都自称朕。从秦始皇始,才成为帝王专用的至尊的自称。
④大赉(lài):大发赏赐,奖赏百官,分封土地。
⑤说:通"悦",高兴。

【译文】

尧(对舜)说:"啧啧!你这个舜啊!依上天安排,帝位就要由你继承,你要真诚地坚持正确的治国方略。如果天下陷入穷困,上天赐给你的禄位也就永远地终结了。"

舜(在让位给禹时)也这样告诫禹。

(汤在向天祈祷时)说:"我小子履大胆虔诚地用黑色公牛做祭品,冒昧地向光明而伟大的天帝祷告:对于有罪之人,我不敢擅自赦免。您的臣子的罪过,我不敢隐瞒遮蔽,一切您心里都明白。如果我自身有罪,请不要加罪于天下万方;倘若天下万方有罪,罪责就由我一人承担。"

周朝恩赐天下,善人因此富贵起来。(周武王说:)"即使有至亲近戚,也不如有仁德之人。如果百姓有过错,责任在我一人。"

慎重确立度量衡,审查法度,重修官制,全国的政令就能畅行无阻。复兴已灭亡了的国家,接续断绝了的世族,起用隐居的贤士,天下的百姓就诚服了。

当权者所要重视的是:百姓、粮食、丧礼、祭礼。

宽厚就能得到众人拥护,诚信就能得到百姓的信任,勤敏就能取得成功,公正就能使百姓高兴。

第二章

子张问于孔子曰:"何如斯可以从政矣?"子曰:"尊五美,屏四恶①,斯可以从政矣。"子张曰:"何谓五美?"子曰:"君子惠而不费,劳而不怨,欲而不贪,泰而不骄,威而不猛。"子张曰:"何谓惠而不费?"子曰:"因民之所利而利之,斯不亦惠而不费乎?择可劳而劳之,又谁怨?欲仁而得仁,又焉贪?君子无众寡,无小大,无敢慢,斯不亦泰而不骄乎?君子正其衣冠,尊其瞻视,俨然人望而畏之,斯不亦威而不猛乎?"子张曰:"何谓四恶?"子曰:"不教而杀谓之虐;不戒视成谓之暴;慢令致期谓之贼;犹之与人也,出纳之吝谓之有司②。"

【注释】

①屏:通"摒",除去,排除,摒弃。

②有司：古代专管某类具体事务的低级官吏。这里指专管财务的小吏。管财务的小吏，财物出手很吝惜，此处是在这一特点上运用"有司"一词。

【译文】

子张问孔子："怎样才可以从政？"孔子说："尊崇五种美德，摒除四种恶政，这就可以从政了。"子张问："什么叫五种美德？"孔子说："君子给人恩惠，自己却不耗费；让百姓劳作，百姓却不怨恨；有欲望却不贪婪；神情舒泰却不傲慢；态度威严却不凶猛。"子张问："什么叫给人恩惠却不耗费？"孔子说："百姓能得到好处的事，引导他们去做，让他们得到好处，这不就是既给恩惠又不耗费吗？选择（不误农活）百姓可以出来做事的时间，叫百姓来（为公家）做事，谁又会怨恨呢？自己追求仁德便得到了仁德，还贪求什么呢？君子不论人多人少，权势是大是小，都不敢怠慢，不也就是舒泰而不傲慢吗？君子衣冠端正整齐，目光尊严，仪态庄重，使人望而生畏，这不就是威严而不凶猛吗？"子张问："什么叫四种恶政？"孔子说："事先不进行教化，（一旦犯法）就加以杀戮，这叫'虐'；事先不告诫，而苛求立即成功，这叫'暴'；开头松懈，后来突然限期完成，这叫'贼'；同样是给予人的，出手之际十分吝惜，这叫'有司'。"

第三章

孔子曰："不知命①，无以为君子也；不知礼，无以立也；不知言，无以知人也。"

【注释】

①命：命运，天命。

【译文】

孔子说："不知天命，无法成为君子；不懂礼节，无法立足于社会；不能分辨别人的言论，无法了解别人。"

孟子

梁惠王章句上

一

孟子见梁惠王①。王曰:"叟②!不远千里而来,亦将有以利吾国乎?"

孟子对曰:"王!何必曰利?亦③有仁义而已矣。王曰:'何以利吾国?'大夫曰:'何以利吾家?'士庶人曰:'何以利吾身?'上下交征④利而国危矣。万乘之国⑤,弑其君者,必千乘之家⑥;千乘之国,弑其君者,必百乘之家。万取千焉,千取百焉,不为不多矣。苟为后义而先利,不夺不餍⑦。未有仁而遗其亲者也,未有义而后⑧其君者也。王亦曰仁义而已矣,何必曰利?"

【注释】

①梁惠王:即魏惠王,前369年至前319年在位,惠是他死后的谥号。前362年,魏国将都城从安邑(今山西夏县西北)迁到大梁(今河南开封),因而它也被称为梁。

②叟:对老人的尊称。

③亦:句首助词,无义。下文的"亦有仁义而已"中的"亦"则是"但"的意思。

④交征:征,取;上取乎下,下取乎上,称为交征。

⑤万乘(shèng)之国:具有万乘兵车的国家。春秋战国时代是以兵车的数量来计算国家的实力,大体上说,一乘兵车由四匹马牵拉,每辆作战用车配备战士三人、步兵七十五人,每辆防御和后勤补给用车配备战士三人,步兵二十三人。每一百户居民供给战车一乘、防御用车一乘的所有

装备和士兵。"万乘之国"是天子的代称,时人就用此词指称强国。

⑥弑(shì):古代对在下者杀害在上者的说法。千乘之家:此处的家指有封邑采地的公卿大夫。

⑦餍:满足。

⑧后:朱熹《集注》中解释为:"不急也。"

【译文】

孟子拜见梁惠王,惠王说:"老人家!您不远千里前来,将会使我国有所获利吗?"

孟子答道:"大王!何必说利?有仁义就行了。大王说'怎样使我国获利',大夫说'怎样使我家获利',士和庶人说'怎样使我自身获利',上上下下交相牟利,国家就危险了。拥有万乘兵车的国家,谋害它君主的必定是拥有千乘兵车的国家;拥有千乘兵车的国家,谋害它君主的必定是拥有百乘兵车的国家。万中取千,千中取百,不能算不多了。倘若不顾义而看重利,那不夺取全部是不会满足的。从来没有重仁的人遗弃他的亲族,从来没有重义的人不顾他的君主。大王只要讲仁义就行了,何必说利呢?"

二

孟子见梁惠王。王立于沼上①,顾鸿雁麋鹿②,曰:"贤者亦乐此乎?"

孟子对曰:"贤者而后乐此,不贤者,虽有此不乐也。《诗》云:'经始灵台,经之营③之,庶民攻④之,不日⑤成之。经始勿亟,庶民子来⑥。王在灵囿⑦,麀鹿攸伏⑧,麀鹿濯濯⑨,白鸟鹤鹤⑩。王在灵沼,于牣鱼跃⑪。'文王以民力为台为沼,而民欢乐之,谓其台曰灵台,谓其沼曰灵沼,乐其有麋鹿鱼鳖。古之人与民偕乐,故能乐也。《汤誓》⑫曰:'时日害丧⑬,予及女偕亡⑭。'民欲与之皆亡,虽有台池鸟兽,岂能独乐哉?"

【注释】

①沼上：沼，水池；上，此指岸边。

②鸿雁麋鹿：鸿，大雁；麋，鹿的一种。

③营：经营，筑作。

④攻：造作。

⑤不日：不到一天，比喻时间很短。也有人认为，是不限期限的意思。

⑥子来：像子女为父母效劳一样。

⑦王：指西周的开国君主周文王。灵囿：囿是畜养禽兽的场所，规模小的用于游观，规模大的用于围猎。

⑧伏：不动。

⑨濯濯：肥而有光泽。

⑩鹤鹤：羽毛洁白的样子。

⑪牣（rèn）：满。

⑫《汤誓》：《尚书》的篇名，商汤讨伐夏桀的誓师词。

⑬时日害丧：时，这；害（hé），通"曷"，指何时。

⑭女：通"汝"，你。

【译文】

孟子拜见梁惠王，惠王站在水池边，看着飞雁、驯鹿，说："贤者也以此为乐吗？"

孟子答道："贤能者才享有这样的快乐，不贤者虽然有这些但无法快乐。《诗》说：'灵台刚开始建设，正在规划之中。民众赶来建造，很快就竣工。大王说不用着急，民众就像子女为父母效劳一样踊跃。文王来到灵囿，群鹿安卧不惊，群鹿肥壮有光泽，白鸟洁净。文王来到灵沼，满池鱼儿跃迎。'文王用民力建高台、挖池沼，民众欢欢喜喜，把台称为灵台，把池称为灵沼，对里面有禽兽鱼鳖感到高兴。古时候的君子与民众一起快乐，所以能够享受到快乐。《汤誓》说：'这个太阳何时陨落，我和你一起灭亡！'民众怨恨到不想再活下去的程度，即使他有高台池沼、飞禽走兽，难道能独自快乐吗？"

三

梁惠王曰:"寡人①之于国也,尽心焉耳矣。河内凶②,则移其民于河东,移其粟于河内。河东凶亦然。察邻国之政,无如寡人之用心者。邻国之民不加少,寡人之民不加多,何也?"

孟子对曰:"王好战,请以战喻。填然鼓之③,兵刃既接,弃甲曳兵而走④。或百步而后止,或五十步而后止。以五十步笑百步,则何如?"

曰:"不可,直⑤不百步耳,是亦走也。"

曰:"王如知此,则无望民之多于邻国也。不违农时,谷不可胜⑥食也;数罟⑦不入洿⑧池,鱼鳖不可胜食也;斧斤以时入山林⑨,材木不可胜用也。谷与鱼鳖不可胜食,材木不可胜用,是使民养生丧死⑩无憾也。养生丧死无憾,王道之始也。

"五亩之宅,树之以桑,五十者可以衣帛⑪矣。鸡豚狗彘之畜,无失其时⑫,七十者可以食肉矣。百亩之田,勿夺其时,数口之家可以无饥矣。谨庠序⑬之教,申⑭之以孝悌之义,颁白者不负戴于道路矣⑮。七十者衣帛食肉,黎民⑯不饥不寒,然而不王者,未之有也。

"狗彘食人食而不知检⑰,涂有饿莩而不知发⑱;人死,则曰:'非我也,岁也。'是何异于刺人而杀之,曰:'非我也,兵⑲也。'王无⑳罪岁,斯㉑天下之民至焉。"

【注释】

①寡人:古时诸侯的自称。

②河内凶:河内,相当于今河南境内的黄河以北地区;凶,荒年。

③填然:鼓声充盈的意思。古代作战,以击鼓表示进军,以鸣金(击钲,钲是一种形似钟的乐器)表示退兵。之:句末助词,无义。

④曳(yè)兵而走:拖着兵器。走,古代所说的走,相当于现在所说的跑;而现在所说的走,在古代称为步。

⑤直:只是。

⑥胜(shēng):尽。

⑦数罟(cù gǔ):网孔细密的渔网。

⑧洿(wū):大的意思。

⑨斤:砍刀,古代常斤、斧连称。以时:按一定的季节。

⑩丧死:葬送死者。

⑪衣(yì)帛:"衣"在此当动词用。

⑫鸡豚狗彘(zhī):豚是猪,彘是小猪,此处概指农家养殖的家畜。无失其时:不耽误养育的时节。

⑬庠序:古代的乡学。《礼记·学记》:"家有塾,党有庠,术有序,国有学。"

⑭申:重复、一再。

⑮颁白:同"斑白",花白头发的老人。负戴:古代用人力搬运重物的两种方式,负指背在背上,戴指顶在头上。

⑯黎民:老百姓。

⑰检:节制、制止,意思是说,丰收的年成粮食富足,人们不知爱惜,连猪狗都吃得像人一样好,这时国家就应该收购粮食以备荒年,如不去购粮就是失职。

⑱涂:通"途",道路。莩:饿死的人。发:开仓赈济。

⑲兵:此指武器。

⑳无:同"毋",不要。

㉑斯:那么。

【译文】

梁惠王说:"我对于国家,很尽心了呀!河内饥荒,我就把那里的百姓迁移到河东,把河东的粮食运到河内去,河东饥荒时也这样做。观看邻国的政治,没有像我这样尽心的。(可)邻国的百姓不见减少,我的百姓不见增多,为什么呢?"

孟子答说:"大王喜好打仗,请让我用打仗来做比喻。战鼓咚咚,双方兵刃相接了,士兵丢盔弃甲拖着兵器逃走,有的跑了一百步才停下,有的跑了五十步就停下了。跑了五十步的人讥笑跑了一百步的人,对不对呢?"

惠王说:"不对!他只不过没有跑到一百步而已,也同样是怯弱逃跑。"

孟子说:"大王如果知道这个道理,就不要希望(你的)百姓比邻国多了。不违背农时,粮食就吃不完;密孔的渔网不入池沼,鱼鳖就吃不完;斧子、砍刀按季节进入山林,木材就用不完。粮食和鱼鳖多得吃不完,木材多得用不完,这就使得百姓的生死都没有缺憾了,这就是王道的开端。

"在五亩大的宅田里种植桑树,年满五十的人就能穿上丝袄了。鸡鸭猪狗等家畜,不耽误它们养育的时节,年满七十的人就能吃上肉了。百亩大的农田,不误了它的耕作时节,数口之家就能没有饥荒了。注重乡校的教育,反复用孝悌的道理教育子弟,须发斑白的人就不必在道路上背物负重了。年满七十的人能穿上丝袄,吃上肉,老百姓能不受饥寒,做到了这些还不称王天下的还从未有过。

"猪狗吃着人的粮食却不知道制止,路上有饿死的人却不知道发放仓库里的粮食;人死了,就说'不是我的原因,是年成不好的缘故',这和把人杀了却说'不是我杀的,是武器杀的'有什么不同。大王不要怪罪于年成不好,那么天下的百姓就到你这儿来了。"

或百步而后止,或五十步而后止。以五十步笑百步,则何如?

孟子用"五十步笑百步"来说明,逃跑不在于长短的距离,而在于逃跑的性质。这里,孟子强调了质的概念。世界上事物的变化,是有质与量的区别的。事物首先是量变,逐渐积累而成为质变,"不以恶小而为之,不以善小而不为"正是这个道理。读书亦如此。若想金榜题名,必须承受十年寒窗之苦。也许你一直勤勤恳恳,却迟迟不见收获,千万不要放弃。暂时的失败,只是因为时机尚未成熟,只要你坚持下去,一定可以欣赏到最美丽的风景。

梁惠王章句下

一

庄暴①见孟子,曰:"暴见于王②,王语暴以好乐,暴未有以对也。"曰:"好乐何如?"

孟子曰:"王之好乐甚,则齐国其庶几乎!"

他日,见于王,曰:"王尝语庄子以好乐,有诸?"

王变乎色,曰:"寡人非能好先王之乐也,直好世俗之乐耳。"

曰:"王之好乐甚,则齐其庶几乎!今之乐由古之乐也。"

曰:"可得闻与?"

曰:"独乐乐,与人乐乐,孰乐?"

曰:"不若与人。"

曰:"与少乐乐,与众乐乐,孰乐?"

曰:"不若与众。"

"臣请为王言乐。今王鼓乐于此,百姓闻王钟鼓之声,管籥③之音,举疾首蹙頞④而相告曰:'吾王之好鼓乐,夫何使我至于此极也?父子不相见,兄弟妻子离散。'今王田猎于此,百姓闻王车马之音,见羽旄⑤之美,举疾首蹙頞而相告曰:'吾王之好田猎,夫何使我至于此极也?父子不相见,兄弟妻子离散。'此无他,不与民同乐也。

"今王鼓乐于此,百姓闻王钟鼓之声,管籥之音,举欣欣然有喜色而相告曰:'吾王庶几无疾病与,何以能鼓乐也?'今王田猎于此,百姓闻王车马之音,见羽旄之美,举欣欣然有喜色而相告曰:'吾王庶几无疾病与,何以能田猎也?'此无他,与民同乐也。今王与百姓同乐,则王矣。"

【注释】

①庄暴:齐国大臣。
②王:指齐宣王。
③管籥(yuè):古管乐器名。
④蹙頞(cù è):形容愁眉苦脸的样子。
⑤羽旄:鸟羽和旄牛尾,古人用作旗帜上的装饰,故可代指旗帜。

【译文】

庄暴来见孟子,说:"我被齐王召见,齐王告诉我,他爱好音乐,我不知怎么回答他。"接着问道:"喜爱音乐怎么样?"

孟子说:"(如果)齐王非常喜爱音乐,齐国应该治理得差不多了吧!"

过了些日子,孟子被齐王接见,问(齐王)道:"大王曾对庄暴说喜爱音乐,有这回事吗?"

齐王(不好意思地)变了脸色,说:"我不是喜爱古代先王的音乐,只是喜爱世俗的音乐罢了。"

孟子说:"大王如果非常喜爱音乐,齐国就能治理得差不多了!现在的音乐如同古代的音乐。"

齐王说:"可以讲给我听听吗?"

孟子问:"自己一个人欣赏音乐的快乐,与同别人一起欣赏音乐的快乐相比,哪一种更快乐?"

齐王说:"不如同别人一起欣赏快乐。"

孟子问:"同少数人一起欣赏音乐的快乐,与同很多人一起欣赏音乐的快乐相比,哪一种更快乐?"

齐王说:"不如同很多人一起欣赏快乐。"

(孟子说:)"请让我为大王谈谈欣赏音乐的道理。假设现在大王在这里奏乐,百姓听了大王钟鼓的声音,箫笛的曲调,全都摇着头,皱着眉,互相议论说:'我们的君王喜爱音乐,为什么使我们痛苦到这样的极端?父子不能相见,兄弟妻儿离散。'假设现在大王在这里打猎,百姓听到大王车马的声音,看到旗帜的华美,全都摇着头,皱着眉,互相议论说:'我们的君王喜欢打猎,为什么使我们痛苦到这样的极端？父子不能相见，兄弟妻儿离散。'这没有别的原因，是不和百姓共同享受快乐的缘故。

"假设现在大王在这里奏乐，百姓听到钟鼓的声音，箫笛的曲调，都欢欣鼓舞，喜形于色，互相议论说：'我们的君王大概没什么病吧，不然怎么能奏乐呢？'假设现在大王在这里打猎，百姓听到君王车马的声音，看到旗帜的华美，都欢欣鼓舞，喜形于色，互相议论说：'我们的君王大概没什么病吧，不然怎么能打猎呢？'这没有别的原因，是和百姓共同享受快乐的缘故。如果大王能和百姓共同享受快乐，那就能称王于天下了。"

二

齐宣王问曰："文王之囿①方七十里，有诸？"

孟子对曰："于传有之。"

曰："若是其大乎？"

曰："民犹以为小也。"

曰："寡人之囿方四十里，民犹以为大，何也？"

曰："文王之囿方七十里，刍荛者往焉，雉兔者往焉，与民同之。民以为小，不亦宜乎？臣始至于境，问国之大禁，然后敢入。臣闻郊关之内有囿方四十里，杀其麋鹿者如杀人之罪，则是方四十里为阱于国中。民以为大，不亦宜乎？"

【注释】

①囿：古代畜养禽兽的园林。

【译文】

齐宣王问道："文王的园林有七十里见方，有这事吗？"

孟子回答道："在文献上有这样的记载。"

宣王问："有这么大吗？"

孟子说："百姓还以为小了呢。"

宣王说："我的园林四十里见方，百姓还以为大，这是为什么呢？"

孟子说："文王的园林七十里见方，割草砍柴的可以去，捕鸟猎兽的可以去,是与百姓共同享用的,百姓认为太小,不也是很自然的吗?我刚到齐国边境时,先问齐国重要的禁令,然后才敢入境。我听说国都郊区内有个园林四十里见方,杀了其中的麋鹿就如同犯了杀人罪;这是在国内设下了一个四十里见方的陷阱,百姓认为太大了,不也是很自然的吗?"

三

齐宣王问曰:"交邻国有道乎?"

孟子对曰:"有。惟仁者为能以大事小,是故汤事葛①,文王事混夷②。惟智者为能以小事大,故太王事獯鬻③,勾践④事吴。以大事小者,乐天者也;以小事大者,畏天者也。乐天者保天下,畏天者保其国。《诗》云:'畏天之威,于时保之。'"

王曰:"大哉言矣!寡人有疾,寡人好勇。"

对曰:"王请无好小勇。夫抚剑疾视,曰,'彼恶敢当我哉!'此匹夫之勇,敌一人者也。王请大之!

"《诗》云:'王赫斯怒,爰整其旅,以遏徂莒⑤,以笃周祜,以对于天下。'此文王之勇也。文王一怒而安天下之民。

"《书》曰:'天降下民,作之君,作之师,惟曰其助上帝宠之,四方有罪无罪惟我在,天下曷敢有越厥志?'一人⑥衡行于天下,武王耻之。此武王之勇也。而武王亦一怒而安天下之民。今王亦一怒而安天下之民,民惟恐王之不好勇也。"

【注释】

①汤事葛:汤,即商朝的创建者成汤;葛,古国名,故城在今河南宁陵县北。

②混夷:殷末周初西戎国名。

③太(tài)王:周文王的祖父古公亶父,周族首领。獯鬻(xūn yù):古代北方的一个少数民族,周称狁犹(xiǎn yǔn),秦汉时称匈奴。

④勾(gōu)践:春秋时越国君主。前494年,越被吴打败,勾践屈辱事吴,后卧薪尝胆,发愤图强,终于灭掉吴国。

⑤莒：殷末国名，非西周分封、前431年为楚所灭的莒国。

⑥一人：指殷纣王。

【译文】

齐宣王问道："与邻国交往有什么规则吗？"

孟子答道："有。只有仁德的人能以大国的地位服侍小国，所以商汤曾服侍葛国，文王曾服侍混夷。只有聪明的人能以小国服侍大国，所以周太王曾服侍獯鬻，勾践曾服侍吴王。能以大国地位服侍小国的，是乐于听从天命的人；能以小国地位服侍大国的，是畏惧天命的人。乐于听从天命的能安定天下，畏惧天命的能保住他的国家。《诗经》上说：'畏惧上天的威严，才能保住自己的国家。'"

宣王说："讲得太好了！我有个毛病，我喜欢勇武。"

孟子答道："大王请不要喜欢小勇。按着剑、瞪着眼说：'他怎敢抵挡我！'这是匹夫的小勇，只能对付一个人罢了。大王请把它扩大！

"《诗经》上说：'文王勃然发怒，于是整军备武，挡住侵犯莒国的敌人，增加周国的威福，以此报答天下的期望。'这就是文王的勇武。文王一怒而安定了天下的百姓。

"《尚书》上说：'上天降生了民众，为他们降生君主，又为他们降生师长，要他们协助上天爱护百姓，四方之内有罪和无罪的，都有我在（处罚或安抚他们），天下谁敢超越它的本分？'有一个人横行天下，武王就以为耻辱。这就是武王的勇武。但武王也是一怒就安定了天下的百姓。如果大王现在也一怒就安定天下的百姓，（那么）百姓还唯恐大王不喜欢勇武呢！"

惟仁者为能以大事小……惟智者为能以小事大。

这句话，可以说是孟子的外交观。在国际关系中，如何处理大国与小国的关系，是能否实现普遍和平的关键所在。为了真正实现普遍和平，中国传统文化主张尊重小国。在二者的关系中，大国尊重小国是仁爱的表现，而小国尊重大国则是明智的表现。仔细斟酌，其中包含着一种强与弱的辩证关系。作为强者，固然有凌驾于一切之上的资本，但是，真正的强者懂得谦逊地对待外物，所谓"满招损，谦受益"，正是对此的形象描述。作为弱者，更应该时刻谨慎，俟时而动，这样才能更好地保护自己，发展自己。

公孙丑章句上

一

公孙丑①问曰:"夫子当路于齐,管仲、晏子之功,可复许乎②?"

孟子曰:"子诚齐人也,知管仲、晏子而已矣。或问乎曾西曰:'吾子与子路孰贤③?'曾西蹴然曰:'吾先子之所畏也④。'曰:'然则吾子与管仲孰贤?'曾西艴然⑤不悦,曰:'尔何曾比予于管仲?管仲得君,如彼其专也,行乎国政,如彼其久也;功烈如彼其卑也;尔何曾比予于是?'"

曰:"管仲,曾西之所不为也,而子为我愿之乎?"

曰:"管仲以其君霸,晏子以其君显。管仲、晏子犹不足为与?"

曰:"以齐王,由反手⑥也。"

曰:"若是,则弟子之惑滋甚。且以文王之德,百年而后崩,犹未洽于天下。武王、周公继之,然后大行。今言王若易然,则文王不足法与?"

曰:"文王何可当也?由汤至于武丁,贤圣之君六七作⑦,天下归殷久矣,久则难变也。武丁朝诸侯有天下,犹运之掌也。纣之去武丁未久也,其故家遗俗,流风善政,犹有存者;又有微子、微仲、王子比干、箕子、胶鬲——皆贤人也,相与辅助之,故久而后失之也。尺地,莫非其有也,一民,莫非其臣也;然而文王犹方百里起,是以难也。

"齐人有言曰:'虽有智慧,不如乘势;虽有镃基⑧,不如待时。'今时则易然也。夏后⑨、殷、周之盛,地未有过千里者也,而齐有其地矣;鸡鸣狗吠相闻,而达乎四境,而齐有其民矣。地不改辟矣,民不改聚矣,行仁政而王,莫之能御也。且王者之不作,未有疏于此时者也;民之憔悴于虐政,未有甚于此时者也。饥者易为食,渴者易为饮。孔子曰:'德之流行,速于置邮而传命⑩。'当今之时,万乘之国行仁政,民之悦之,犹解倒悬也。故事半古之人,功必倍之,惟此时为然。"

【注释】

① 公孙丑:姓公孙,名丑,孟子弟子。

② 当路:当权。管仲:名夷吾,曾辅佐齐桓公建立霸业。晏子:晏婴,字平仲,齐景公的贤相。复许:复兴。

③ 曾西:赵岐注作曾参的孙子,但清儒有认为是曾参的儿子。子路:孔子弟子仲由的字。

④ 蹙(cù)然:不安或肃然起敬状。先子:亡故的祖父或父亲。

⑤ 艴然:恼怒状。

⑥ 反手:易如反掌。

⑦ 汤、武丁:商代的贤君。作:兴起。汤至武丁中经太甲、太戊、祖乙、盘庚等君。

⑧ 镃基:大锄。

⑨ 夏后:禹国号夏,也称夏后氏。

⑩ 置邮:驿站。传命:传递书命。

【译文】

公孙丑问道:"先生如果在齐国当政,管仲、晏婴的功业可以得到复兴吗?"

孟子答道:"你真是个齐国人,只知道管仲、晏婴而已。曾有人问曾西:'您与子路哪个更贤能?'曾西不安地说:'子路是我先人所敬畏的人啊。'那人又问:'那您与管仲相比,哪个又更贤能些?'曾西变了脸色,不高兴地说:'你怎么拿我和管仲相比呢?管仲得到国君的信赖是那样的专一,主持国政的时间又是那样的长久,成就的功业却是那样的微不足道,你怎么拿我和他相比呢!'"

孟子又说："管仲是曾西都不愿效法的对象,你以为我愿意学他的样吗?"

公孙丑说："管仲辅佐他的君主建立了霸业,晏婴辅佐齐景公使他名扬天下。难道管仲、晏婴还不值得效法吗?"

孟子说："以齐国来称王天下,就像手掌翻个转一样容易。"

公孙丑说："您这样说,我就更不明白了。像周文王那样的德行,活到近百岁去世,还没有统一天下;周武王、周公继承他的事业,然后大力推行王道。现在您把统一天下说得那么容易,难道文王还不足以效法吗?"

孟子说："怎么可以与文王相比呢!从商汤到武丁,共有六七个圣贤的君主,天下人归附殷商已经很久了,时间一久要变就难了。武丁使诸侯朝贡,一统天下,就像在手心里转动东西一样。商纣王与武丁相隔没多久,那些勋旧世家、传统习俗、良好作风、善政德教,当时还存留着;又是微子、微仲、王子比干、箕子和胶鬲这些贤德君子共同辅佐,所以过了很久才失去天下。那时,没有一尺土地不是殷王所有,没有一个民众不是殷王臣民,然而文王凭借方圆百里的国土建功立业,所以是很艰难的。

"齐国人有句俗话说:'即使有智慧,不如趁形势;即使有锄头,不如待农时。'现今要实行王政就容易多了。夏、商、周三代最盛时,国土都没有超过方圆千里的,而齐国却有那么广阔的辖地;(三代极盛时)鸡鸣狗叫的声音,处处可闻,而齐国就有那么多的民众。(在齐国目前这样的条件下)土地不必再开辟了,民众也不必再增多了,如果推行仁政以称王天下,没有谁能阻挡。况且,统一天下的贤君不出现的时间没有比现在更久的了;民众被暴政的摧残迫害,没有比现在更厉害的了。饥饿的人不挑别食物,口渴的人很容易让他喝足。孔子说过:'德政的推行,比驿站传递命令还要迅速。'现在这个时候,一个拥有万乘兵车的大国出来推行仁政,那民众的高兴,就如一个倒挂着的人被解救一样。所以,只要做古人一半的事情,就会获得比古人多一倍的功效,也只有现在这个时候才能这样。"

虽有智慧,不如乘势。

中国人做事讲究势,伟大的思想家孟子就说过这样一句话:"虽有智慧,不如乘势;虽有镃基,不如待时。"自古以来,对于这个"势"字的理解,可谓是仁者见仁,智者见智,最为恰当的解释应该是机会、机遇。翻开人类奋斗的史册,我们可以看到,有的人因为抓住了机遇而"柳暗花明",从而摘取成功的桂冠;有的人因为与机遇擦肩而过,从而"山穷水尽",甚至有人为错过机遇而抱憾终生。机遇对于成功者来说是多么宝贵啊!但机遇从来就垂青有准备的人。学生时代是每个人一生中至为重要的阶段,也是我们踏上人生征途的预备阶段,在此阶段我们应该努力培养一种抓住机遇的能力。不要慨叹自己不够聪明,不要抱怨上天不够公正,真正有智慧的人,绝不是要弄小聪明,而是因势、乘势,做到了这一点,你就是明天的成功者。

二

公孙丑问曰:"夫子加①齐之卿相,得行道焉,虽由此霸王,不异矣。如此,则动心否乎?"

孟子曰:"否!我四十不动心。"

曰:"若是,则夫子过孟贲②远矣。"

曰:"是不难,告子先我不动心。"

曰:"不动心有道乎?"

曰:"有。北宫黝之养勇也,不肤挠,不目逃,思以一豪挫于人,若挞之于市朝,不受于褐宽博,亦不受于万乘之君;视刺万乘之君,若刺褐夫;无严诸侯,恶声至,必反之③。孟施舍之所养勇也,曰:'视不胜犹胜也;量敌而后进,虑胜而后会,是畏三军者也。舍岂能为必胜哉?能无惧而已矣。'孟施舍似曾子,北宫黝似子夏④。夫二子之勇,未知其孰贤,然而孟施舍守约也。昔者曾子谓子襄⑤曰:'子好勇乎?吾尝闻大勇于夫子矣。自反而不缩,虽褐宽博,吾不惴焉;自反而缩,虽千万人,吾往矣⑥。'孟施舍之守气,又不如曾子之守约也。"

曰:"敢问夫子之不动心与告子之不动心,可得闻与?"

"告子曰:'不得于言,勿求于心;不得于心,勿求于气。'不得于心,勿求于气,可;不得于言,勿求于心,不可。夫志,气之帅也;气,体之充也。夫志至焉,气次焉;故曰:'持其志,无暴其气⑦。'"

"即曰'志至焉,气次焉。'又曰,'持其志,无暴其气',何也?"

曰:"志壹则动气,气壹则动志也。今夫蹶者趋者⑧,是气也,而反动其心。"

"敢问夫子恶乎长?"

曰:"我知言,我善养吾浩然之气。"

"敢问何谓浩然之气?"

曰:"难言也。其为气也,至大至刚,以直养而无害,则塞于天地之间。其为气也,配义与道;无是,馁也。是集义所生者,非义袭而取之也。行有不慊⑨于心,则馁矣。我故曰,告子未尝知义,以其外之也。必有事焉而勿正,心勿忘,勿助长也。无若宋人然:宋人有闵其苗之不长而揠之者⑩,芒芒然归,谓其人曰:'今日病矣!予助苗长矣⑪!'其子趋而往视之,苗则槁矣。天下之不助苗长者寡矣。以为无益而舍之者,不耘苗者也;助之长者,揠苗者也,非徒无益,而又害之。"

"何谓知言?"

曰:"诐辞知其所蔽,淫辞知其所陷,邪辞知其所离,遁辞知其所穷⑫。生于其心,害于其政;发于其政,害于其事。圣人复起,必从吾言矣。"

"宰我、子贡善为说辞,冉牛、闵子、颜渊善言德行。孔子兼之,曰:'我于辞命,则不能也。'然则夫子既圣矣乎?"

曰:"恶!是何言也!昔者子贡问于孔子曰:'夫子圣矣乎?'孔子曰:'圣则吾不能,我学不厌而教不倦也。'子贡曰:'学不厌,智也;教不倦,仁也。仁且智,夫子既圣矣。'夫圣,孔子不居,是何言也?"

"昔者窃闻之:子夏、子游、子张皆有圣人之一体,冉牛、闵子、颜渊则具体而微,敢问所安。"

曰:"姑舍是。"

曰:"伯夷、伊尹何如⑬?"

曰:"不同道。非其君不事,非其民不使;治则进,乱则退,伯夷也。何事非君,何使非民;治亦进,乱亦进,伊尹也。可以仕则仕,可以止则止,可以久则久,可以速则速,孔子也。皆古圣人也,吾未能有行焉。乃所愿,则学孔子也。"

"伯夷、伊尹于孔子,若是班⑭乎?"

曰:"否。自有生民以来,未有孔子也。"

"然则有同与?"

曰:"有。得百里之地而君之,皆能以朝诸侯,有天下;行一不义,杀一不辜,而得天下,皆不为也。是则同。"

曰:"敢问其所以异。"

曰:"宰我、子贡、有若⑮,智足以知圣人,污不至阿其所好。宰我曰:'以予观于夫子,贤于尧、舜远矣!'子贡曰:'见其礼而知其政,闻其乐而知其德,由百世之后,等百世之王,莫之能违也。自生民以来,未有夫子也。'有若曰:'岂惟民哉?麒麟之于走兽,凤凰之于飞鸟,泰山之于丘垤,河海之于行潦⑯,类也。圣人之于民,亦类也。出乎其类,拔乎其萃,自生民以来,未有盛于孔子也!'"

【注释】

①加:居、处。

②孟贲:当时著名的勇士。

③北宫黝:姓北宫,名黝,齐国勇士。不肤挠:肌肤被刺不退缩。不目逃:目被刺不转睛。市朝:市场、公共场所。不受于:不受辱于。褐宽博:穿粗布制的宽大衣服的人,即卑贱之人,下"褐夫"同。无严:不畏。

④子夏:卜商,孔子弟子。

⑤子襄:曾子弟子。

⑥夫子:孔子。自反:自己反省。缩:直、义。惴:恐惧。

⑦持:保持。暴:乱。

⑧蹶：跌倒。趋：疾行。

⑨慊：足。

⑩闵：悯，忧虑。揠：拔。

⑪芒芒然：疲劳状。病：累。

⑫诐：偏颇。蔽：遮蔽。淫：过分。陷：沉溺，失误。邪：邪僻。离：叛离。遁：逃避。穷：理屈。

⑬伯夷：商末孤竹君长子，与其弟叔齐因互让王位而出逃，武王灭商后，与叔齐隐居首阳山，不食周粟而死。伊尹：商初名臣，曾放逐太甲。

⑭班：同等。

⑮有若：字子有，孔子弟子。

⑯垤：蚂蚁窝。行潦：路上积水。

【译文】

公孙丑问道："先生如果担任齐国卿相的高位，能推行自己的主张，即使成就霸业或王业，也不足为怪。如果这样，您是否会动心呢？"

孟子说："不会。我四十岁时就做到不动心了。"

公孙丑说："如此看来，先生比孟贲强多了。"

孟子说："这并不难，告子不动心比我还早呢。"

公孙丑说："做到不动心有方法吗？"

孟子说："有。北宫黝培养勇气的方法是：肌肤被刺不退缩，眼睛被刺不转睛，(但)他受了别人的一点小委屈，就像在大庭广众之下被人鞭打一样；他既不愿受普通平民的侮辱，也不愿受大国君主的侮辱；他把刺杀大国的君主，看成和刺杀普通平民一样；他不畏惧国君侯王，谁骂他一句，他就一定要回敬一句。孟施舍也有培养勇气的方法，他说：'对待不能战胜的敌人和对待能够战胜的敌人一样。如果估量对方的力量后才前进，考虑有必胜的把握才交锋，这种人是畏惧数量众多的敌军。我孟施舍怎能够战无不胜，只是能够无所畏惧而已。'孟施舍像曾子，北宫黝像子夏。这两人的勇气，我也不知到底谁更强，但孟施舍的方法较为简约。从前曾子对子襄说：'你喜欢勇敢吗？我曾经在老师那里听到过关于大勇的论述：自我反省发现自己不在理上，哪怕对方是普通平民，我也不去恐吓人家；自我反省发现自己有理，哪怕面对千军万马，我也勇往直前。'孟施舍所守的是无所畏惧的勇气,这又不如曾子所守的原则来得简约。"

公孙丑说:"老师的不动心和告子的不动心,能说给我听听吗?"

(孟子答道:)"告子说:'对语言的意思有弄不清的地方,不要在心上反复琢磨;心中有所不安,不要再去求助于意气;心中有所不安,不再去求助于意气,这是可以的。而语言的意思有弄不清的地方,在心上反复琢磨,那是不可以的。志是气的主帅,气是充满人身体的。志到哪里,气也随之到哪里,所以说:'应该坚定自己的志,不要滥用自己的气。'"

(公孙丑说:)"您既然说'志到哪里,气也随之到哪里';又说'应该坚定自己的志,不要滥用自己的气',这是什么道理呢?"

孟子说:"志如果专一了就会影响到气,气如果专一了也会影响到志。比如说那些摔倒和奔跑的人,这都只是气,可是却反过来影响了他们的志。"

(公孙丑说:)"请问先生擅长于什么?"

孟子说:"我善于分析别人的言辞,我善于培养我的浩然之气。"

(公孙丑说:)"请问什么叫作浩然之气?"

孟子说:"这个很难说清楚。它作为一种气,是最大最刚健的,用正直去培养而不伤害它的话,它就会充满于天地之间。它作为一种气,与义和道是紧密配合的,否则,就会软弱。这种气是积累了义而产生的,不是靠偶然用义突袭一下就能取得的。行为使自己感到问心有愧,这气就会变得疲软了。我之所以说告子从来不懂得什么是义,因为他把义看成是外在的东西。一定要在平日有所作为而不要故意做作,心中不要忘记它,但也不要有意去帮助它成长。不要像宋国人那样:有个宋国人,担心他的禾苗不长,而把苗拔高了,他拖着疲惫的身子回到家中,对家里人说:'今天很累!我帮助禾苗生长了!'他儿子赶快跑去一看,禾苗全都枯萎了。天下不帮助禾苗生长的人实在很少。那些认为培养没好处而放弃的,就是不锄草的人;那些有意帮助它生长的,就是拔苗的人。不但没有好处,而且还害了它。"

(公孙丑又问:)"什么叫作善于分析别人的言辞呢?"

孟子说:"偏颇的言辞,知道哪里片面了;过分的言辞,知道哪里失误了;邪僻的言辞,知道哪里背离正道了;躲闪的言辞,知道哪里理屈词穷了。言辞的过失从内心产生,在政治上产生危害;如果体现于政治举措上,便会妨害国家各种事务。假如圣人复生,也一定会赞同我说的这些话的。"

(公孙丑说:)"宰我、子贡擅长讲说言辞;冉牛、闵子和颜渊善于阐述道德;孔子兼有他们的长处,但他还是说:'我对于辞令,并不擅长。'那么先生已经是圣人了吧?"

孟子说:"嘿!这是什么话!以前子贡问孔子道:'先生是圣人了吧?'孔子说:'圣人,我还不能做到,我能做到的只是学习不知满足、教人不知疲倦罢了。'子贡说:'学习不满足,是明智;教人不知疲倦,是仁爱。既仁又智,先生是圣人了。'圣人的称号,孔子都不敢自居。你这是什么话!"

(公孙丑说:)"以前我听说过,子夏、子游和子张都各有孔子一方面的长处,冉牛、闵子和颜渊较为全面得到孔子真传,但比不上他博大。请问老师自居于哪一种呢?"

孟子说:"暂且不谈这个。"

公孙丑说:"伯夷和伊尹怎么样呢?"

孟子说:"他们处世之道不同。不是他认可的君主不侍奉,不是他认可的民众不使唤,世道太平就出来做官,世道昏乱便退而隐居,这是伯夷的处世态度。什么君主都可以侍奉,什么民众都可以使唤,世道太平也做官,世道昏乱也做官,这是伊尹的处世态度。应该做官就做官,应该退隐就退隐,应该长久就长久,应该短暂就短暂,这是孔子的处世态度。他们都是古代的圣人,我做不到他们那样。至于我个人的愿望,我要学习孔子。"

(公孙丑问:)"伯夷、伊尹与孔子,不是一样的吗?"

孟子答道:"不。自有人类以来,没有能比得上孔子的。"

(公孙丑又问:)"那么他们有相同的地方吗?"

孟子说:"有的。如果得到方圆百里的国土而成为君主,他们都能使诸侯来朝见,天下统一。要他们做一件不合道理的事、杀一个无辜的人来得到天下,他们都不会干。这是他们相同的地方。"

公孙丑再问:"请问他们的不同在什么地方?"

孟子说:"宰我、子贡和有若,他们的智慧足以了解孔子,即使夸张一点,也不会对所喜爱的人虚加赞扬。宰我说:'以我来看,先生比尧、舜高明得多。'子贡说:'见到一个国家的礼制,就了解这个国家的政治;听到一个国家的音乐,就了解这个国家的道德。即使从百世以后来评价百世以来的君主,没有一个能违背孔子的主张。自有人类以来,没有能比得上孔子的。'有若说:'难道只有人如此吗?麒麟相对于走兽,凤凰相对于飞鸟,泰山相对于土堆,河海相对于路上的那些小水潭,都是同类。圣人相对于众民,也是同类,但都超过了他的同类,大大高出他的同类。自有人类以来,没有比孔子更伟大的。"

持其志,无暴其气。

"身体发肤,受之父母",为了表示对父母的尊重,我们必须爱惜自己的身体。这就不得不谈到一个养身的问题。对于此,孟子谈到"持其志,无暴其气",就是说作为一个人必须要固守自己的志向,当然也要致养其"气"。"志""气"作为内外两方面,应该是交相培养的。"无暴其气"则自然平和,才能使心志不为外物所动摇。实际上,这些思想与我们常说的"外练筋和骨,内练一口气"有异曲同工之妙,是对"三军可夺帅,匹夫不可夺志也"思想的继承与发展。

学不厌,智也;教不倦,仁也。

"学而不厌,诲人不倦"早已成为人们所熟知的名言。不过,真正能做到的人,微乎其微。所以,孟子说:"学不厌,智也;教不倦,仁也。"可见,真正做到"学而不厌,诲人不倦",就是智仁兼备的圣人了。人生就是不断学习的过程,做到汲汲于学问,"活到老,学到老",才能不断充实我们的人生,使我们的生活丰富多彩。然而,学习不仅仅是闭门造车,也是一个用之于人的过程。对于遇到难题的人,能够耐心地去倾听;尽其所知去帮助别人,使别人从中受益,不也是一种"诲人不倦"吗?"学不厌,智也;教不倦,仁也",绝不仅仅是一种学习态度,也关乎人的道德修养,努力做一个德才兼备的人,那才是社会所需要的栋梁!

公孙丑章句下

一

孟子曰:"天时不如地利,地利不如人和。三里之城,七里之郭①,环而攻之而不胜。夫环而攻之,必有得天时者矣;然而不胜者,是天时不如地利也。城非不高也,池非不深也,兵革非不坚利也,米粟非不多也;委而去之②,是地利不如人和也。故曰:域民不以封疆之界,固国不以山谿之险,威天下不以兵革之利。得道③者多助,失道者寡助。寡助之至,亲戚畔之;多助之至④,天下顺⑤之。以天下之所顺,攻亲戚之所畔,故君子有不战,战必胜矣。"

【注释】

①郭:城外的大城。

②委:放弃。去:离开。

③道:正义。

④至:至极,尽可能。

⑤顺:服从。

【译文】

孟子说:"有利的天时不如有利的地势,有利的地势不如人心的团结。三里大的内城,七里见方的外城,围攻打它却不能取胜。既然包围起来攻打它,必定有得天时的战机,然而却不能取胜,这是有利的天时不如有利的地势。城墙不是不高,护城河不是不深,兵器铠甲不是不坚利,粮食不是不多,却弃城逃离,这就是有利的地势不如人心的团结。所以说,留住人民不迁逃,不是靠国家的疆界,保卫国家不能靠山川的险阻,威服天下不是靠兵器铠甲的坚利。讲仁道的人,帮助他的就多;失掉仁义的人,帮助他的就少。帮助他的人少到极点,连亲戚都背叛他;帮助他的人多到极点,天下的人都归顺他。凭借天下人都归顺的力量去攻打连亲戚都背叛他的人,所以君子不战则罢,战则必胜。"

得道者多助,失道者寡助。

曾经火爆一时的纪录片《大国崛起》告诉我们一个道理,一个政权的强大不是拥有了坚船利炮,也不只是经济的繁荣,更重要的是社会道德的感召力和社会制度的公正性。世界上绝少有靠镇压和恐吓国民来维持的长久政权,人心的向背才是决定一个政体安危的根本。这个原理并非仅仅适用于政治领域,现实生活中,亦是如此。一些人立身处事以仁义为标准,对待他人谦逊有礼,时刻为他人着想,自然会赢得他人的尊重和友情。而另一些刻薄、虚伪、自私利己的人,终将招致众叛亲离。道理很简单:得道者多助,失道者寡助。

二

孟子将朝王①,王使人来曰:"寡人如就见者也②,有寒疾,不可以风。朝,将视朝,不识可使寡人得见乎?"

对曰:"不幸而有疾,不能造③朝。"

明日,出吊于东郭氏④。公孙丑曰:"昔者辞以病,今日吊,或者不可乎?"

曰:"昔者疾,今日愈,如之何不吊⑤?"

王使人问疾,医来。孟仲子⑥对曰:"昔者有王命,有采薪之忧,不能造朝;今病小愈,趋造于朝,我不识能至否乎?"使数人要于路,曰:"请必无归而造于朝!"

不得已而之景丑氏⑦宿焉。景子曰:"内则父子,外则君臣,人之大伦也。父子主恩,君臣主敬。丑见王之敬子也,未见所以敬王也。"

曰:"恶⑧!是何言也!齐人无以仁义与王言者,岂以仁义为不美也？其心曰：'是何足与言仁义也'云尔，则不敬莫大乎是。我非尧、舜之道，不敢以陈于王前，故齐人莫如我敬王也。"

景子曰："否，非此之谓也。《礼》曰'父召，无诺；君命召，不俟驾。'固⑨将朝也，闻王命而遂不果，宜与夫礼若不相似然。"

曰："岂谓是与？曾子曰：'晋、楚之富，不可及也。彼以其富，我以吾仁；彼以其爵，我以吾义，吾何慊⑩乎哉！'夫岂不义而曾子言之？是或一道也。天下有达尊三：爵一，齿一，德一。朝廷莫如爵，乡党莫如齿，辅世长民莫如德。恶得有其一以慢其二哉！

"故将大有为之君，必有所不召之臣，欲有谋焉，则就之。其尊德乐道，不如是不足以有为也。故汤之于伊尹，学焉而后臣之，故不劳而王；桓公之于管仲，学焉而后臣之，故不劳而霸。今天下地丑德齐⑪，莫能相尚，无他，好臣其所教，而不好臣其所受教。汤之于伊尹，桓公之于管仲，则不敢召。管仲且犹不可召，而况不为管仲者乎！"

【注释】

①朝(cháo)王：朝见齐宣王。
②如：打算。就：迁就。
③造：往。
④东郭氏：齐国的一个姓东郭的大夫。
⑤吊：吊丧。
⑥孟仲子：孟子的堂弟，又是他的学生。
⑦景丑氏：齐国大夫景丑。
⑧恶：叹词，表惊讶。
⑨固：本来。
⑩慊：不足。
⑪天下：指天下的诸侯。地：指国土。丑：同类。

【译文】

孟子正打算去朝见齐王，齐王派人来说："我本打算看望您的，但是着了凉，不能吹风。明天早晨，我将临朝，不知是否可以让我见您？"

孟子回话道："我不幸生了病，不能到朝廷上去。"

第二天,孟子到东郭氏家去吊丧。公孙丑说:"昨天推说有病,今日却去吊丧,或许不合适吧?"

孟子说:"昨天有疾,今天好了,怎么不能去吊丧?"

齐王派人来询问病情,医生也来了。孟仲子和来人说:昨天有王的召令,他有点小病,不能到朝廷去。今天病好了点,急匆匆往朝廷去了,我不知道现在到了没有?"孟仲子打发了几个人到路上去拦截孟子,说:"请您一定别回来,到朝廷去!"

孟子不得已,就到景丑氏家去歇宿。景子说:"在家有父子,在外有君臣,这是人间最重大的伦理关系。父子以慈爱为主,君臣以恭敬为主。我看到了齐王对您敬重,却没看到您敬重齐王。"

孟子说:"咳!这是什么话!齐国人没有拿仁义的道理说给齐王听的,难道是认为仁义不好吗?(只是)他们心里在想:'哪值得同这个君王谈仁义。'不恭敬没有比这更大的了。我不是尧、舜的道理,不敢在齐王面前说,所以齐国人没有像我这样敬重齐王的。"

景子说:"不,不是说这个。礼的规定说:父亲召唤,不能用'诺'应答;君王宣召,不等车子驾好就动身。您本来准备去朝见,听了君王的召令却不去了,这恐怕与礼的规定不大符合吧。"

孟子说:"难道能这么说吗?曾子说过:'晋国和楚国的财富,我没法比得上。它们凭借财富,我凭借我的仁德;它们凭借爵位,我凭借我的道义,我欠缺什么呢?'难道这话没有道理是曾子随便说说的吗?或许是另有一种道理吧。"

"天下普遍看重的东西有三样:爵位、年纪、道德。在朝廷里,没有比爵位更尊贵的;在乡里,没有比年龄更尊贵的;辅助君主、管理百姓,没有比道德更尊贵的。怎能有了其中一种(爵位)而轻视另两种(年龄、道德)呢?所以想要有大作为的君主,必定有他不能召见的臣子,要商议事情,那就前去请教。如果他不是这样,就不值得同他一起做事。所以汤王对于伊尹,(首先是)向他学习,然后才把他当作臣子,因此不费力气就统一了天下;桓公对于管仲,(首先也是)向他学习,然后才把他当作臣子,因此不费力气就称霸诸侯。现在天下诸侯的国土是一样的,德行相似,谁也超不过谁,没有别的原因,是因为(君主)喜欢任用听从他们使唤的人做臣,而不喜欢把教导他们的人做臣子。汤王对于伊尹,桓公对于管仲,是不敢随意召见的。管仲尚且不能随意召见,何况是不愿做管仲的人呢?"

三

陈臻①问曰:"前日于齐,王馈兼金②一百而不受;于宋,馈七十镒③而受;于薛,馈五十镒而受。前日之不受是,则今日之受非也;今日之受是,则前日之不受非也。夫子必居一于此矣。"

孟子曰:"皆是也。当在宋也,予将有远行,行者必以赆;辞曰:'馈赆④。'予何为不受?当在薛也,予有戒心;辞曰:'闻戒,故为兵馈之。'予何为不受?若于齐,则未有处⑤也,无处而馈之,是货之⑥也。焉有君子而可以货取乎?"

【注释】

①陈臻:孟子弟子。
②金:古代所说的金,多是指黄铜。
③镒(yì):古代的重量单位之一,二十两为一镒。
④赆(jìn):作为旅费赠予别人的金钱。辞:措辞。
⑤处:用途。
⑥货之:利诱。

【译文】

陈臻问道:"先前在齐国,齐王送您一百镒好金您没有接受;在宋国,送您七十镒,您接受了;在薛,送您五十镒,您接受了。如果先前不接受是对的,那么后来接受就是错的;后来接受如果是对的,那么先前不接受就是不对的。二者之间,您必定处于其中的一种了。"

孟子说:"都是对的。在宋国的时候,我将要远行,对远行的人照例要送些盘缠,宋君说:'送点路费(给你)。'我为什么不接受?在薛地的时候,我有防备的打算,主人说:'听说需要防备,所以送点钱给你买兵器。'我为什么不接受?至于在齐国,就没有(送钱的)理由。没有理由而赠送,这是收买我啊。哪有君子可以被收买的呢?"

滕文公章句上

一

滕文公为世子①,将之楚,过宋而见孟子。孟子道性善,言必称尧、舜②。

世子自楚反,复见孟子。孟子曰:"世子疑吾言乎?夫道一而已矣。成覸③谓齐景公曰:'彼,丈夫也;我,丈夫也;吾何畏彼哉?'颜渊曰:'舜,何人也?予,何人也?有为者亦若是。'公明仪④曰:'文王,我师也;周公岂欺我哉?'今滕,绝长补短⑤,将五十里也,犹可以为善国。《书》曰:'若药不瞑眩⑥,厥疾不瘳⑦。'"

【注释】

①世子:国君的法定继承人,亦称"太子"。
②言必称尧、舜:朱熹《集注》云:"每道性善而必称尧舜以实之。"
③成覸(jiàn):亦作"成荆""成庆",是齐国的大臣,以勇敢著称。
④公明仪:名仪,曾子弟子。
⑤绝长补短:即长短相补的意思。绝,犹言截。
⑥瞑眩:晕眩。古代用药的副作用大,且其程度往往与药效成正比,故而此说服下去不感到眩晕的药起不到治疗作用。孟子借此为喻告诉滕世子,必须下决心去恶才能为善。
⑦厥:指示代词,其、它。瘳(chōu):痊愈。

【译文】

滕文公在做太子时奉命出使楚国,途经宋国,会见了孟子。孟子讲性善,言谈不离尧舜。

太子从楚国回来又去见孟子。孟子说:"太子怀疑我的话吗?道理只有一个罢了。成覵对齐景公说:'他是个男子汉,我也是个男子汉,我为什么要怕他呢?'颜渊说:'舜是什么人?我是什么人。有作为的人也应该像他一样。'公明仪说:'文王是我的榜样,周公难道会欺骗我吗?'现在的滕国,长短折算下来将近五十里大小,还可以治理成个好国家。《尚书》说:'如果药不使人晕眩,那病是不会痊愈的。'"

二

滕定公薨①。世子谓然友②曰:"昔者孟子尝与我言于宋,于心终不忘。今也不幸至于大故③,吾欲使子问于孟子,然后行事④。"

然友之邹,问于孟子。

孟子曰:"不亦善乎!亲丧,固所自尽⑤也。曾子曰:'生,事之以礼;死,葬之以礼,祭之以礼,可谓孝矣。'诸侯之礼,吾未之学也。虽然,吾尝闻之矣。三年之丧,齐疏之服⑥,飦粥之食,自天子达于庶人,三代共之。"

然友反命,定为三年之丧。父兄百官皆不欲,曰:"吾宗国鲁先君莫之行,吾先君亦莫之行也,至于子之身而反之,不可。且《志》曰:'丧祭从先祖。'曰,'吾有所受之也。'"

谓然友曰:"吾他日未尝学问,好驰马试剑;今也父兄百官不我足也,恐其不能尽于大事,子为我问孟子!"

然友复之邹问孟子。

孟子曰:"然;不可以他求者也。孔子曰:'君薨,听于冢宰⑦,歠⑧粥,面深墨,即位而哭,百官有司莫敢不哀,先之也。'上有好者,下必有甚焉者矣。君子之德,风也;小人之德,草也。草尚⑨之风,必偃。是在世子。"

然友反命。世子曰:"然;是诚在我。"

五月居庐,未有命戒⑩。百官族人可,谓曰知。及至葬,四方⑪来观之,颜色之戚,哭泣之哀,吊者大悦。

【注释】

①薨(hōng):诸侯国君去世称薨。

②然友:滕文公的师傅。

③大故:此处是对父丧的委婉说法。

④然后行事:孟子当时在邹,离滕不远,所以可以随时讯问;行事,此处是指办丧事。

⑤自尽:竭尽自己的心力。

⑥齐(zī)疏之服:是粗布制作的丧服。齐,缝缉衣边;古代的丧服有多种等级,按服丧者与死者关系的亲疏而用,规定很细、很严格。孟子此处所谓的"齐疏之服",只是概指应穿的丧服。

⑦冢宰:相当于后世的宰相。

⑧歠(chuò):饮。

⑨尚:通"上",加。

⑩未有命戒:命戒指命令和指示。

⑪四方:指前来参加葬礼的诸侯和来宾,诸侯国君下葬时,与该国有盟约的诸侯都必须参加。

【译文】

滕定公去世了,太子对然友说:"以前,孟子曾在宋国与我交谈,我心里始终没有忘记。现在不幸父亲去世,我想请你去问问孟子,然后再办理丧事。"

然友到邹国去问孟子。

孟子说:"问得很好啊,父亲的丧事本来就该竭尽自己的心力。曾子说:'父母健在时依礼侍奉,去世了依礼安葬、依礼祭祀,可以称得上孝了。'诸侯的礼仪我没有学过,尽管如此,我曾听说过。三年的丧期,穿粗布缝边的孝服,用稀饭薄粥充饥,上自天子,下至庶民,夏、商、周三代都这样做。"

然友向太子汇报,确定行三年的丧期。滕国的父老百官都不愿意,说:"我们的宗国鲁国,历代国君都没有这么办,我们以前的国君也没这么办,到了你这里却要改变,是不行的,而且记载上说'丧葬、祭祀依从祖宗的成例',他们又说:"我们是有所根据的。""

太子对然友说:"我过去未曾学艺问礼,喜好跑马比剑,现在父老百官都对我不满,恐怕他们不能在丧事上尽力了,你替我去问问孟子。"

然友又到邹国去问孟子。

孟子说:"是呀,这是不能要求别人的。孔子说:'国君去世,政务听命于宰辅,太子薄粥充饥,面色深黑,到位就哭,大小百官没有人敢不悲哀,是因为太子自身带头呀。'在上者有所喜好,下面必定有爱好更厉害的人。'君子的操行是风,小人的操行是草,草遇上风必定伏倒',事情取决于太子。"

然友向太子汇报,太子说:"是呀,事情确实取决于我。"

太子在土屋中居住了五个月,没有下过政令,百官亲属都赞同,说太子懂道理。到了举行葬礼时,四方宾客都来观礼,太子容颜的悲戚,哭泣的哀伤,令前来吊丧的人非常满意。

君子之德,风也;小人之德,草也。草尚之风,必偃。

"玉之美,有如君子之德。"君子如玉,说明了君子本性的纯粹。温润而泽,锐而不害,抑而不挠,有瑕于内必见于外,这就是君子。君子不仅有好的品性,更重要的是去感化、教导别人,使周围之人也成为谦谦君子。当然,这里提到的小人,与今天我们所使用的含义有所不同,小人指普通群众。君子的见识尤其是德行总是高于常人,他们的一举一动,一言一行,都成为众人效法的标准。众人见识、智力有限,生存之道以及道德修养都要向圣人学习,以最大限度地避免灾害。于是就有了"君子之德如风,小人之德如草"的感叹。

三

滕文公问为国①。

孟子曰:"民事②不可缓也。《诗》云:'昼尔于茅③,宵尔索绹④;亟其乘屋⑤,其始播百谷⑥。'民之为道也,有恒产者有恒心,无恒产者无恒心。苟无恒心,放辟邪侈,无不为已。及陷乎罪,然后从而刑之,是罔民也。焉有仁人在位罔民而可为也?是故贤君必恭俭

礼下⑦，取于民有制。阳虎⑧曰：'为富不仁矣，为仁不富矣。'

"夏后氏五十而贡，殷人七十而助，周人百亩而彻，其实皆什一也。彻者，彻也；助者，藉⑨也。龙子⑩曰：'治地莫善于助，莫不善于贡。'贡者，校数岁之中以为常。乐岁，粒米狼戾，多取之而不为虐，则寡取之；凶年，粪其田而不足⑪，则必取盈焉。为民父母，使民盻盻⑫然，将终岁勤动，不得以养其父母，又称贷而益之，使老稚转乎沟壑，恶在其为民父母也？夫世禄，滕固行之矣。《诗》云：'雨我公田，遂及我私。'惟助为有公田。由此观之，虽周亦助也。

"设为庠序学校以教之。庠者，养也。校者，教也。序者，射也。夏曰校，殷曰序，周曰庠；学则三代共之，皆所以明人伦也。人伦明于上，小民亲于下。有王者起，必来取法，是为王者师⑬也。《诗》云：'周虽旧邦，其命惟新⑭。'文王之谓也。子力行之，亦以新子之国！"

使毕战问井地。

孟子曰："子之君将行仁政，选择而使子，子必勉之！夫仁政，必自经界始。经界不正，井地不钧⑮，谷禄⑯不平，是故暴君污吏必慢其经界。经界既正，分田制禄可坐而定也。

"夫滕，壤地褊小，将为君子焉，将为野人焉。无君子，莫治野人；无野人，莫养君子。请野九一而助，国中什一使自赋。卿以下必有圭田⑰，圭田五十亩；余夫二十五亩。死徙无出乡，乡田同井，出入相友，守望相助，疾病相扶持，则百姓亲睦。方里而井，井九百亩，其中为公田。八家皆私百亩，同养公田；公事毕，然后敢治私事，所以别野人也。此其大略也，若夫润泽之，则在君与子矣。"

【注释】

①问为国：朱熹《集注》云："文公以礼聘孟子，故孟子至滕而文公问之。"

②民事：指与民众有关的事务。

③茅：茅草，用来盖屋顶。

④宵:晚上。索绹(táo):绞绳索。

⑤亟其乘屋:即爬上屋顶。

⑥百谷:泛指各种粮食作物。

⑦恭俭礼下:古人云:"恭则能以礼接下,俭则能取民以制。"

⑧阳虎:鲁国执政大夫季孙氏的家臣,曾挟持季桓子,操纵国政。

⑨藉:指借力相助。

⑩龙子:古贤人。

⑪挍:比较,核定。粪:施肥。

⑫盻盻(xī):勤苦不休息。

⑬为王者师:意为被称王天下的人所效法。

⑭新:在此当动词用,意为更新。

⑮钧:通"均"。

⑯谷禄:指俸禄,古代的官员俸禄以谷物计算,故称。

⑰圭田:用于祭祀的田。

【译文】

滕文公询问怎样治理国家。

孟子说:"与民众有关的事务不能放松。《诗经》说:'白天打茅草,晚上绞绳索,赶快修整房屋好,开春又要种庄稼。'民众的一般规律,有固定产业的有坚定的心志,没有固定产业的没有坚定的心态。一旦没有恒心,就会放荡胡来,无所不为。等他们犯了罪,然后跟着惩治他们,这是陷害民众。哪有仁人当政而去陷害民众的呢?因此,贤明的君主必定谦恭俭朴,对待臣仆有礼,向民众征税有定规。阳虎说:'要发财就不会仁爱,要仁爱就不会发财。'

"夏代以五十亩为单位贡,商代以七十亩为单位助,周族以一百亩为单位彻,其实质都是取十分之一的地租税。彻是'通'的意思,助是'借助'的意思。龙子说:'管理土地没有比助法更好的,没有比贡法更不好的。'贡是核定几年收成的平均数作为每年收税的税额。丰收之年谷物充溢,多收取些不算暴虐,倒收得少;歉收之年每家的收成甚至不够第二年施肥的费用,地租却一定收到满额。作为民众的父母官,却使子民忧愁勤苦,即使终年辛劳也不足以赡养自己的父母,还要靠借贷来凑地租税,老人小孩抛尸露骨于山沟荒野之中,哪里还算得上是民众的父母呢?世代承袭俸禄的制度,滕国原本就实行。《诗经》说:'雨水浇灌我们的公田,然后泽及我的私田。'借力助耕才会有公田。由此看来,即使周代也施行助法。

"设置庠、序、学、校来教育民众,庠是教养的意思,校是教导的意思,序是陈列的意思。夏代称校,商代称序,周代称庠,学是三代都有的,都是使人们懂得人与人的伦常道德。在上者懂得了人与人的伦常关系,庶民们自然爱戴他们。若有称王天下的人兴起,必定会来仿效取法,这样就成为称王天下者的老师了。《诗经》所谓的'周虽是古老的邦国,却有新受的天命',这是赞美周文王的诗句。你努力实行吧,也使你的国家气象一新。"

滕文公派毕战来询问井田,孟子说:"你的国君要施行仁政,选派你来,你一定要努力啊!施行仁政,必定要从田地的分界开始。田地的分界如果不公正,井田块就不均衡,作为俸禄的谷物也就不公平,因此,暴君和贪官污吏必定不会重视他们的田地分界。田界规整了,分配田地、制定俸禄就能轻易办妥了。

"滕国的疆土虽然狭小,但也有执政的君子,有耕田的农民。没有执政的君子就无法管理耕田的农民,没有耕田的农民就无法供养执政的君子。建议滕君在郊野施行九分取一的助法,在都城中实行十分取一的贡法。国卿以下的官员必定要有用于祭祀的圭田,圭田是五十亩。每户的多余人口给田二十五亩。丧葬、迁居都不出乡里,乡里同耕一块井田,出入劳作时相互伴随,抵御寇盗时相互帮助,有病相互照顾,这样百姓就友爱和睦了。一里见方作为一块井田,一块井田有九百亩,中间的一百亩是公田,八家各以一百亩为私田,共同料理公田。公田上的事情做完了,才可以做私田上的事情,是为了使耕田的农民有所区分。这是井田的大概,至于调整完善就靠国君和你了。"

滕文公章句下

一

陈代^①曰:"不见诸侯,宜若小然。今一见之,大则以王,小则以霸。且《志》曰:'枉尺而直寻^②。'宜若可为也。"

孟子曰:"昔齐景公田,招虞人以旌^③,不至,将杀之。志士不忘在沟壑,勇士不忘丧其元。孔子奚取焉?取非其招不往也。如不待其招而往,何哉?且夫枉尺而直寻者,以利言也。如以利,则枉寻直尺而利,亦可为与?昔者赵简子使王良与嬖奚乘^④,终日而不获一禽。嬖奚反命曰:'天下之贱工也。'或以告王良。良曰:'请复之。'强而后可^⑤,一朝而获十禽。嬖奚反命曰:'天下之良工也。'简子曰:'我使掌与女乘。'谓王良,良不可,曰:'吾为之范我驰驱^⑥,终日不获一;为之诡遇^⑦,一朝而获十。'《诗》云:'不失其驰,舍矢如破。'我不贯^⑧与小人乘,请辞。御者且羞与射者比^⑨,比而得禽兽,虽若丘陵,弗为也。如枉道而从彼,何也?且子过矣!枉己者,未有能直人者也。"

【注释】

①陈代:孟子的学生。

②寻:古代长度单位。八尺为一寻。

③旌(jīng):古代的一种旗帜。缀旄牛尾于竿头,下有五彩析羽。用以指挥或开道。

④赵简子:即赵鞅。又名志父,亦称赵孟。王良:春秋时的善御者。嬖(bì):受宠幸的小人。奚:嬖人名。

⑤强:被迫。可:答应。
⑥范我驰驱:"范"用作动词。
⑦诡遇:谓打猎时不按规矩,纵横驰骋以追逐禽兽。
⑧贯:通"惯"。
⑨射者:语义双关,明指嬖奚,暗指射利之徒与射利之事。比:合出。

【译文】

陈代说:"不去谒见诸侯,觉得太小气了;如今见一见,大可以称王于天下,小可以称霸于诸侯。况且《志》中说:'弯曲一尺,伸直八尺。'似乎是可行的。"

孟子说:"过去齐景公打猎,用旌旗召唤管理山林沼泽的人。该人不来,齐景公就准备杀死他。志士不怕弃尸山野,勇士不怕丢掉性命。孔子看重管山林沼泽人的什么呢?就是看重他敢于拒绝违背礼的召唤。如果不等待召唤就前往迎接,那算什么?所谓弯曲一尺,伸直八尺,是从获利的角度而言的。如果说到获利,那么弯曲八尺,伸直一尺而有利,也可以这样做吗?从前,赵简子让王良跟他宠幸的小臣奚驾车去打猎,一整天都没有打到一只禽兽。返回后,奚向赵简子报告说:'王良是天下最差的驾车人。'有人把这话告诉王良。王良说:'请再来一次。'奚勉强同意了,仅一个早晨,即猎获了十只禽兽。这次,奚回来后又报告说:'王良是天下最好的驾车人。'赵简子说:'我让他专门给你驾车。'(把这话)告诉王良。王良不同意,说:'我给他按规矩驾车行进,整天猎获不了一只;我不按规矩给他驾车行进,一早晨就猎获十只。《诗经》中说:'按照规矩驾车奔驰,箭一放出就射中目标。'我不习惯给小人驾车,请允许我推辞。驾车的人尚且羞于与差的射手合作,合作猎获的飞禽走兽即使堆得像小山一样,也不愿干。如果我们不坚持自己的主张而追随别人,那算什么呢?况且你错了!自己不是个正直的人,从来没有能够让别人变得正直的。"

枉己者,未有能直人者也。

教师是人类灵魂的工程师。作为一名教育者,必须自身有渊博的知识,能透彻地理解问题,然后才能教授别人,只有这样,才无愧为人师表。孟子说:"贤者以其昭昭使人昭昭,今以其昏昏使人昭昭。"这话虽有厚古薄今之嫌,却也不无道理。试想一下,如果自身不正而去教化他人,又怎么可能给别人带来好的教益呢?古语讲:言传身教,正是这个道理。在这里,也必须强调一点。作为一名人民教师,不仅要有很强的专业知识,同时更要有极高的道德修养。因为我们不仅仅要增长学生的书本知识,更主要的是端正学生的言行和德行。可见,教师自身的素养很重要。记住,直人必先直己!

二

景春①曰:"公孙衍、张仪岂不诚大丈夫哉②?一怒而诸侯惧,安居而天下熄。"

孟子曰:"是焉得为大丈夫乎?子未学礼乎?丈夫之冠也③,父命之;女子之嫁也,母命之,往送之门,戒之曰:'往之女家,必敬必戒,无违夫子!'以顺为正者,妾妇之道也。居天下之广居,立天下之正位,行天下之大道④;得志,与民由之;不得志,独行其道。富贵不能淫,贫贱不能移,威武不能屈,此之谓大丈夫。"

【注释】

①景春:纵横家,与孟子同时。

②公孙衍:战国时魏人。号犀首。初在秦为大良造,后入魏为将,主张合纵抗秦。晚年任魏相。张仪:战国时著名的纵横家,游说各国服从秦国,并著有《张子》十篇,今佚。

③丈夫之冠也:古时男子二十岁成年,要举行加冠的礼节。

④广居:指"仁"。正位:指"礼"。大道:指"义"。

【译文】

景春说:"公孙衍、张仪难道不是真正的大丈夫吗?一旦发怒,诸侯就害怕,安居下来,天下的战火就熄灭。"

孟子说:"这样的人怎能称得上是大丈夫呢?你没有学过礼吗?男子举行加冠礼时,父亲训导他;女子出嫁的时候,母亲训导她,把她送到门口时,还要告诫说:'到了你家,一定要恭敬,一定要谨慎,不要违背丈夫!'以顺从为立身之本,是为人妻为人妇的原则。身处天下最广大的住所'仁'里,站在天下最正的位置'礼'上,走在天下最宽广的道路'义'上;得志时,与民众一同前行;不得志时,自己走自己的路。富贵不会使他骄狂,贫贱不会改变他的志向,威武也不能让他屈服变节,这样才能称之为大丈夫。"

富贵不能淫,贫贱不能移,威武不能屈,此之谓大丈夫。

正气,就是刚正的气节。人生在世,只有时刻以"讲正气"作为自己立身做人的准则,才有尊严可言,才能受人尊敬。两千多年前,孟子就以"富贵不能淫,贫贱不能移,威武不能屈"明志。然而随着时光的流逝,这种观念,渐渐变得模糊。委曲求全,一味地顺从已成为人们普遍所具有的精神状态,这正是被古代的仁人志士所不齿的。真正的大丈夫,应该始终保持人格的独立自主,不受任何外力的牵制。其生存是为了实现自己的主张和报复,而不是为了追求功名、富贵。朱自清饿死不吃美国救济粮,我们的先辈竟有如此之骨气,我辈更应该刚正不阿。

三

周霄①问曰:"古之君子仕乎?"

孟子曰:"仕。《传》曰:'孔子三月无君,则皇皇如也,出疆必载质②。'公明仪曰:'古之人三月无君,则吊③。'"

"三月无君则吊,不以急乎?"

曰:"士之失位也,犹诸侯之失国家也。《礼》曰:'诸侯耕助,以供粢盛④;夫人蚕缫,以为衣服⑤。牺牲不成,粢盛不絜,衣服不备,不敢以祭⑥。惟士无田,则亦不祭。'牲杀、器皿、衣服不备,不敢以祭,则不敢以宴,亦不足吊乎?"

"出疆必载质,何也?"

曰:"士之仕也,犹农夫之耕也。农夫岂为出疆舍其耒耜哉?"

曰:"晋国⁷亦仕国也,未尝闻仕如此其急。仕如此其急也,君子⁸之难仕,何也?"

曰:"丈夫生而愿为之有室,女子生而愿为之有家。父母之心,人皆有之。不待父母之命、媒妁之言,钻穴隙相窥,逾墙相从,则父母国人皆贱之。古之人未尝不欲仕也,又恶不由其道。不由其道而往者,与钻穴隙之类也。"

【注释】

①周霄:魏国人。

②质:通"贽",指见面礼。

③吊:这里指慰问遭遇不幸者。

④耕助:助,即"藉",古代天子有藉田千亩,诸侯百图。粢盛:盛在祭器内以供祭祀的谷物。

⑤夫人:诸侯的妻子。缫(sāo):制丝工程中将几根茧丝抽出,合并而成生丝的过程。衣服:古时上曰衣,下曰裳。此处是指祭服。

⑥牺牲:古时祭祀用牲的通称。色纯为"牺",体全为"牲"。成:盛,丰盛,肥实。

⑦晋国:此处指魏国。

⑧君子:此指有道德修养的士人。

【译文】

周霄问道:"古代的君子做官吗?"

孟子说:"做官。《传》中说:'孔子三个月没有君主任用他,就茫茫然无所适从,离开一个国家一定要带上见面礼。'公明仪也说:'古代的士人要是三个月没有被君主任用,就应该去安慰他。'"

(周霄又问:)"三个月没有被君主任用,就去安慰他,不是太急了吗?"

孟子说:"士人失去官位,就像诸侯失去国家一样。《礼》中说:'诸侯亲自参加耕种,以便供奉祭品;夫人亲自养蚕缫丝,来做祭祀穿的服装。牲畜不肥壮,粢盛不洁净,祭服不具备,是不敢举行祭祀的。如果士人没有田地,那也不能举行祭祀。'宰杀的牲口、祭祀用的器具、祭服不具备,不能举行祭祀,也就不能参加宴会,这还不应该安慰他吗?"

(周霄又问:)"离开国界一定要带上见面的礼物,又是为什么呢?"

孟子说:"士人去做官,就好像农民去种地,农民难道会因为出国就丢掉他的农具吗?"

周霄说:"魏国也是一个可以去做官的国家,我还没有听说做官要这么着急的。做官既然如此急迫,君子却不轻易做官,这又是为什么呢?"

孟子说:"男孩生下来希望他娶妻成家,女孩生下来希望她嫁人成家,做父母的这种心愿,人人都是有的。没有等到父母亲的命令、媒人说合,就钻墙洞扒门缝去眉目传情,翻墙私奔,那么父母和周围的人都会小看他。古代的人并不是不想做官,而是讨厌不经过正道谋取来的官位。不经正道去谋取官位,跟钻墙洞扒门缝是一样的。"

离娄章句上

一

孟子曰："离娄之明,公输子之巧,不以规矩,不能成方圆①;师旷之聪,不以六律,不能正五音②;尧、舜之道,不以仁政,不能平治天下。今有仁心仁闻而民不被其泽,不可法于后世者,不行先王之道也。故曰,徒善不足以为政,徒法不能以自行。《诗》云:'不愆不忘,率由旧章③。'遵先王之法而过者,未之有也。圣人既竭目力焉,继之以规矩准绳,以为方员平直,不可胜用也;既竭耳力焉,继之以六律正五音,不可胜用也;既竭心思焉,继之以不忍人之政,而仁覆天下矣。故曰:为高必因丘陵,为下必因川泽,为政不因先王之道,可谓智乎?

"是以惟仁者宜在高位;不仁而在高位。是播其恶于众也。上无道揆也④,下无法守也,朝不信道,工不信度⑤,君子犯义⑥,小人犯刑,国之所存者幸也。故曰:城郭不完⑦,兵甲不多,非国之灾也;田野不辟,货财不聚,非国之害也。上无礼,下无学,贼民兴,丧无日矣。

"《诗》云:'天之方蹶,无然泄泄⑧!'泄泄犹沓沓也⑨。事君无义,进退无礼,言则非先王之道者,犹沓沓也。故曰:责难于君谓之恭,陈善闭邪谓之敬,吾君不能谓之贼。"

【注释】

①离娄:一名离朱,相传是黄帝时的一个视力极佳者,能在百步外见秋毫之末。规矩:圆规、曲尺。

②师旷:晋平公时著名的乐师。聪:辨音能力强。六律:指阳律六,太蔟、姑洗、蕤宾、夷则、无射、黄钟;另有阴吕六,大吕、应钟、南吕、函钟、小吕、夹钟,合称律吕或十二律。五音:宫、商、角、徵、羽五个音阶。

③愆:过。率:循。

④揆:度,估量揣测。

⑤度:测量工具。

⑥君子:这里指当官的人。

⑦完:牢固。

⑧蹶:动,这里指动乱。泄(yì):多言。

⑨沓沓:多而重复,这里指啰唆。

【译文】

孟子说:"离娄的视力好,公输般的技艺高,如果不用圆规和曲尺,也不能画出方形和圆形;师旷听力聪敏,如果不用六律,也不能校正五音;就是有尧、舜那样的治道,如果不实行仁政,也不能治理好天下。如今的一些诸侯,虽有仁爱的心思和仁爱的声望,但百姓却受不到恩泽,也不足为后世所效法,就是因为他们不能实行前代圣王之道的缘故。所以说,仅有善心不足以搞政治,仅有良法也不能使它自动执行,《诗经》中说:'不偏差也不遗忘,一切循照先王的典章。'遵循前代圣王的法度而犯过错,从来就没有过。圣人既已竭尽了目力,又用圆规、曲尺、水准器和墨线来画方、圆、平、直,这些东西便用之不尽了;(圣人)既已竭尽听力,又用六律来校正五音,这些音阶也就用之不尽了;(圣王)既已竭尽了心思,又实行了从不忍人之心出发的仁政,那仁爱便覆盖天下了。所以说,筑高就必须凭借丘陵,挖深池就必须利用河流沼泽。治理国家如果不凭借先王之道,那能说是明智吗?

"因此,只有仁人才适宜处在领导的位子上;不仁的人处在领导的位子上,就是把他的恶行散播到民众中去。在上位者没有道义准则,在下位者没有法度可守,朝廷不信道义,工匠们不信尺度,做官的违反义理,老百姓触犯刑法,国家还能存在下去的只是侥幸。所以说,城墙不坚固,武器不充足,不是国家的灾难;农田没开垦,财富没积聚,不是国家的祸害。在上者没有礼义,在下者没有教育,造反的百姓兴起,那亡国的日子便不远了。

"《诗经》中说:'老天正在震动,不要多嘴又多舌。'多嘴多舌就是啰唆。侍奉国君不讲义,进退之间不讲礼,开口便诋毁先王之道,这就如同喋喋不休的啰唆。所以说,要求君主克服困难叫作'恭',陈说善道而阻塞邪念叫作'敬',认为自己的君主不能行善叫作'贼'。"

不以规矩,不能成方圆。

人是渴望自由的动物,在受人或物约束的时候,总是幻想着可以随心所欲。然而,这终归也只是个幻想而已,一个生活在群体中的人,必定会受到法则的制约。没有规矩,不成方圆,没有制约的社会,简直无法想象。正是由于每个人所让渡的这部分自由,才成就了我们今天的和谐与发展。学习和生活中亦是如此。我们做任何事都不要想到哪儿就做到哪儿,这样只能把我们的生活变得杂乱无章。成功者总是有计划地去做每一件事,有条不紊,循序渐进。成功也是需要有良好习惯的,学会计划是第一步。试一试,你也行的!

二

孟子曰:"规矩,方员之至也①;圣人,人伦②之至也。欲为君,尽君道;欲为臣,尽臣道。二者皆法尧、舜而已矣。不以舜之所以事尧事君,不敬其君者也;不以尧之所以治民治民,贼其民者也。孔子曰:'道二,仁与不仁而已矣。'暴其民甚,则身弑国亡;不甚,则身危国削;名之曰'幽''厉'③,虽孝子慈孙,百世不能改也。《诗》云:'殷鉴④不远,在夏后之世。'此之谓也。"

【注释】

①员:通"圆"。至:极致、顶点。

②人伦:这里有做人之道的意思。

③名:称作,即指后世加谥号。幽、厉:指西周的暴君周幽王、周厉王,

"幽"和"厉"都是恶谥。

④鉴:铜镜。

【译文】

孟子说:"圆规和曲尺,是方与圆的极致;圣人,是处理人际关系的最高境界。要做国君,应该尽国君之道;要做臣子,应该尽臣子之道。这二者都效法尧舜就够了。不以舜侍奉尧的态度来侍奉国君,是不尊敬国君;不用尧治理百姓的做法来治理百姓,是残害百姓。孔子说:'有两条路,行仁政与不行仁政,如此而已。'以暴虐对待百姓,重则自己被杀,国家灭亡;轻则自己危险,国势削弱,死后人们给他'幽''厉'这样的谥号,纵使有孝顺仁慈的子孙,经历一百代,也是更改不了的。《诗经》中说:'殷商的鉴戒并不远,就在夏朝统治时期。'说的就是这个意思。"

三

孟子曰:"三代之得天下也以仁,其失天下也以不仁。国之所以废兴存亡者亦然。天子不仁,不保四海;诸侯不仁,不保社稷①;卿大夫不仁,不保宗庙;士庶人不仁,不保四体。今恶死亡而乐不仁,是犹恶醉而强②酒。"

【注释】

①社稷:常用来指代国家。

②强(qiǎng):勉强。

【译文】

孟子说:"夏、商、周三代得到天下是因为仁,其失去天下是因为不仁。国家的兴盛、衰败和生存、灭亡的原因也是这个道理。天子要是不仁,就不能保住天下;诸侯要是不仁,就不能保住国家;公卿大夫要是不仁,就不能保住祖先的宗庙;士子和普通老百姓要是不仁,就不能保全自己的身体。如今,有些人讨厌死亡,但却喜欢不仁,这与讨厌醉酒却又勉强喝酒一样。"

四

孟子曰:"爱人不亲,反其仁;治人不治,反其智;礼人不答,反其敬。行有不得者皆反求诸己,其身正而天下归之。《诗》云:'永言①配命,自求多福。'"

【注释】
①言:语助词,无实义。

【译文】
孟子说:"爱别人,别人却不亲近自己,便应该反过来问自己是否仁爱;管理别人,别人却不服管理,便应该反过来问自己是否明智;对别人有礼貌,别人却不加回应,便应该反过来问自己是否恭敬。凡所做没有得到预期效果的,都应反过来从自己身上去找原因,自身端正了,天下人自然会归向他。《诗经》中说:'永远不忘与天命配合,自己去多寻求幸福。'"

行有不得者皆反求诸己。

儒家一直都认为人性是本善的,之所以有不善,是被外物私欲所纠缠的结果。那么,怎样才能摆脱私欲的纠缠而重归于善呢?不能靠外物,只能靠自身的觉醒。在人与人的交往中,他人是自己的一面镜子,对方的任何反应,都会反映出自己的一些信息。如果你关爱他人,他人却不领情;你礼貌待人,人家却不以礼回报。这时,你需要认真反省自己,从中一定可以发现自己的不足,如果进而自觉地改进自己,终会得到别人的理解与支持。《诗经》中说:"永言配命,自求多福。"可见,反求诸己才是提升自己的有效途径。

五

孟子曰:"人有恒言,皆曰:'天下国家'。天下之本在国,国之本在家,家之本在身。"

【译文】

孟子说:"人们有句老话,都说'天下国家'。天下的根本在国,国的根本在家,家的根本在个人自身。"

六

孟子曰:"为政不难,不得罪于巨室①。巨室之所慕,一国慕之;一国之所慕,天下慕之。故沛②然德教溢乎四海。"

【注释】

①巨室:卿大夫之家。
②沛:大。

【译文】

孟子说:"治理国家并不难,关键在不得罪那些有影响的卿大夫。因为那些卿大夫所向慕的,一国的人都会向慕;一国人所向慕的,天下人都会向慕,所以道德教化就会浩荡、充溢于天下。"

七

孟子曰:"天下有道,小德役①大德,小贤役大贤;天下无道,小役大,弱役强。斯二者,天也。顺天者存,逆天者亡。

"齐景公曰:'既不能令,又不受命,是绝物也。'涕出而女②于吴。

"今也小国师大国而耻受命焉,是犹弟子而耻受命于先师也。如耻之,莫若师文王。师文王,大国五年,小国七年,必为政于天下矣。《诗》云:'商之孙子,其丽不亿③。上帝既命,侯于周服。侯服于周,天命靡常。殷士肤敏,祼将于京④。'孔子曰:'仁不可为众也⑤。夫国君好仁,天下无敌。'今也欲无敌于天下而不以仁,是犹执热而不以濯也。《诗》云:'谁能执热,逝不以濯?'"

【注释】

①役:役于、被役。

②女:嫁。

③丽:数。亿:当时以十万为亿。

④肤敏:美丽而敏捷。祼:灌,一种祭祀的仪式。

⑤仁不可为众也:仁不是根据人数的多少来衡量的。

【译文】

孟子说:"天下有道时,道德较低的人被道德高尚的人役使,不太贤能的人被贤能的人役使;天下无道时,小的被大的役使,弱的被强的役使。这两种情况,都是天意。顺从天意就能生存,违背天意就要灭亡。

"齐景公说:'既不能发出命令,又不愿接受命令,这是绝路一条。'(他只得)流着泪把女儿嫁到吴国。

"现在小国效法大国,却又耻于听命于大国,这好比弟子耻于听命于老师。如果真以此为耻,不如效法周文王。效法周文王,大国只要五年,小国只要七年,一定可以统治整个天下了。《诗经》中说:'商朝的子孙,人数不下十万,上帝既已授命,他们只能臣服于周朝。臣服于周朝,天意并没有一定。商朝臣子漂亮聪敏,去镐京助祭。'孔子说:'仁德不是以人数多少来衡量的。国君如果爱好仁德,便无敌于天下。'现在有些人想无敌于天下却又不施仁政,就好比手拿了烫东西又不用冷水冲洗。《诗经》中说:'谁能不以炎热为苦,却不去沐浴?'"

八

孟子曰:"不仁者可与言哉?安其危而利其菑①,乐其所以亡者。不仁而可与言,则何亡国败家之有?

"有孺子歌曰:'沧浪之水清兮,可以濯我缨②;沧浪之水浊兮,可以濯我足。'孔子曰:'小子听之!清斯濯缨,浊斯濯足矣。自取之也。'夫人必自侮,然后人侮之;家必自毁,而后人毁之;国必自伐，而后人伐之。《太甲》曰：'天作孽，犹可违。自作孽，不可活。'此之谓也。"

【注释】

①蘖(zāi)：通"灾"，灾难。
②沧浪：水名。兮：语助词，常用在句末，无义。濯：清洗。

【译文】

孟子说："不仁的人可以与他谈论吗？别人有危险，他却安然不动，高兴看到别人遭受惨祸。不仁的人可以与他谈论，那还会有亡国败家的事吗？

"有个小孩子这么唱道：'沧浪的水清，可洗我帽缨；沧浪的水浊，可洗我双脚。'孔子说：'后生们听呀！水清就洗帽缨，水浊就洗双脚。这都是由水本身决定的。'（所以）人一定是先有自辱的情况，然后别人才侮辱他；家一定是先有自毁的情况，然后别人才会来毁坏它；国一定是先有遭征伐的状况，然后别人才来征伐它。《尚书·太甲》中说：'天降祸害，还可以躲避。自己作孽，那可逃不了。'说的正是这个意思。"

夫人必自侮，然后人侮之。

俗语云："山自重，不失之威峻；海自重，不失之雄浑；人自重，不失之尊严。"可见，自重是我们人生的重要准则。然而总有些人超越了传统的道德规范，为了实现那不可告人的目的。殊不知，在此过程中，他失去了对人来讲比生命更重要的尊严。自重是与尊严连在一起，是与名誉连在一起，是与世间的一切价值连在一起的。连本人都在践踏自己的尊严，更不要奢望别人会尊重你。在自重的同时，我们还要尊重他人。因为尊重他人不仅仅是一种态度，也是一种美德。人都希望自己被人尊重，却不知道如何被人尊重，那就从尊重自己，尊重他人做起吧，你会收到意想不到的效果！

离娄章句下

一

孟子曰:"舜生于诸冯①,迁于负夏②,卒于鸣条,东夷之人也;文王生于岐周,卒于毕郢③,西夷之人也。地之相去也千有余里,世之相后也千有余岁,得志行乎中国,若合符节④。先圣后圣,其揆⑤一也。"

【注释】

①诸冯:地名,相传在今山东菏泽以南。
②负夏:地名,约在今山东滋阳以西。
③毕郢:地名,今陕西咸阳东。
④若合符节:符、节是古代的一种信物,中分为二,双方各持一半为凭,相合无误以表示身份或传达命令。
⑤揆:尺度。

【译文】

孟子说:"舜出生在诸冯,迁居到负夏,死于鸣条,是东方的人;周文王出生在岐周,死于毕郢,是西方的人。地方相隔一千多里,时代相差一千余年,但他们得志时在中国的行为如同符与节相吻合那样一致。在先的圣人和在后的圣人,他们的准则是相同的。"

二

子产①听郑国之政,以其乘舆济人于溱洧②。孟子曰:"惠而不知为政。岁十一月,徒杠成③;十二月,舆梁成,民未病涉也。君子平其政,行辟人④可也,焉得人人而济之?故为政者,每人而悦之,日亦不足矣。"

【注释】

①子产:即公孙侨,子产是他的字(亦作"子美")。郑国贵族,是当时著名的政治家。

②乘舆:指子产自己所乘坐的马车。洧:水名。

③岁十一月:孟子所称的月份大多是周历,周历建子,故其十一月相当农历的九月。徒杠:即简陋的独木便桥。

④行辟人:辟,通"避"。古代高级官员出行,有专人开路清道,要行人回避。

【译文】

子产主持郑国的政务时,用自己乘坐的马车渡人过溱水、洧水。孟子说:"这是小恩小惠,但却不懂得治理国政。如果在十一月修好走人的便桥,十二月修好行车的梁桥,民众渡河就不会为难了。君子整治好自己的政务,外出使行人避道都没有关系,怎么能一个个地把人渡过河去呢?所以,治理国政的人如果使每个人都满意,那时间也就不够用了。"

三

孟子告齐宣王曰:"君之视臣如手足,则臣视君如腹心;君之视臣如犬马,则臣视君如国人;君之视臣如土芥,则臣视君如寇雠①。"

王曰:"礼,为旧君有服②,何如斯可为服矣?"

曰:"谏行言听,膏泽③下于民;有故而去,则君使人导之出疆,又先于其所往;去三年不反,然后收其田里④。此之谓三有礼焉。如此,则为之服矣。今也为臣,谏则不行,言则不听,膏泽不下于民;有故而去,则君搏执⑤之,又极⑥之于其所往;去之日,遂收其田里。此之谓寇雠。寇雠,何服之有?"

【注释】

①雠(chóu):仇敌。

②服:在这里指丧服。

③膏泽:即恩惠。

④收其田里:田里指禄田和居宅。

⑤搏执:犹言搜索拘捕。

⑥极:穷也。

【译文】

孟子告诉齐宣王说:"君主看待臣属如同手足,那臣属就看待君主如同腹心;君主看待臣属如同犬马,那臣属就看待君主如同平民;君主看待臣属如同尘土、草芥,那臣属就看待君主如同仇敌。"

王说:"礼制规定,臣属要为以往侍奉过的君主穿孝服,君主怎样做才能使臣属为他服丧呢?"

孟子说:"劝谏被接纳,进言被听从,恩惠下及民众;臣属有事要离去,君主派人引导他离开国境,并派人先期前往他所要去的地方;离开了三年不回来,才收回他的禄田和房产。这叫作三有礼。这样,臣属就会为他服丧了。现在做臣属的,劝谏不被接纳、进言不被听从,恩惠到不了民众;有事要离去,君主就扣押他,并派人到他所要去的地方为难他;离开的当天就收回他的禄田和房产。这叫作仇敌。对仇敌,有什么丧可服呢?"

四

孟子曰:"无罪而杀士,则大夫可以去;无罪而戮民,则士可以徙。"

【译文】

孟子说:"没有罪名而处死士人,那么大夫就可以离开;没有罪名而杀戮民众,那么士人就可以迁徙。"

五

孟子曰:"君仁,莫不仁;君义,莫不义。"

【译文】

孟子说:"国君仁就没有人不仁,国君义就没有人不义。"

六

孟子曰:"非礼之礼,非义之义,大人弗为。"

【译文】

孟子说:"不合礼的礼,不合义的义,有德行的人是不去做的。"

七

孟子曰:"中①也养不中;才也养不才。故人乐有贤父兄也。如中也弃不中;才也弃不才。则贤不肖之相去,其间不能以寸②。"

【注释】

①中:中庸。即孔子所谓的"无过无不及"。
②其间不能以寸:谓中间容不下一寸,言距离相近。

【译文】

孟子说:"中庸的人能感化教育过分或不及的人,有才能的人能感化教育没有才能的人,所以人们都喜欢有贤能的父兄。如果中庸的人不理会过分或不及的人,有才能的人嫌弃没有才能的,那么好与不好之间的差距比寸还小。"

八

孟子曰:"人有不为也,而后可以有为。"

【译文】

孟子说:"人要有所不为,然后才能有所作为。"

人有不为也,而后可以有为。

俗话说"事在人为"。然而,并不是所有的事都可为,智者有所为,也有所不为。不为之事有二:不义之事不为,力所不及之事不为。其中,不合乎道义之事,有害于国家和人民,凡是有点良知之人都会弃而远之,如果一意孤行,势必招致身败名裂。再者,一个人的时间和精力是有限的,只有懂得放弃,才可能集中精力做好你最想做的,最应该做的事。如果一味地在细枝末节上浪费时间,实在不值得。智慧之人,应该学会有选择地做事,做有价值之事,这样成功才有意义。

九

孟子曰:"言人之不善,当如后患何?"

【译文】

孟子说:"谈论别人的不好,带来的后患该怎么对付呢?"

言人之不善,当如后患何?

君子喜"扬人之美",而小人则喜"言人之不善"。在与人的交往中,我们应该严于律己,宽以待人。多去成全别人的好事,不去促成别人的坏事。遇到矛盾时,多责备自己,而少责备别人。以一颗仁爱之心对待他人,才会得到他人的爱护和尊敬。因此,一个人应该把有限的精力放在进德修业上,而不该在评论他人这样的鄙事上浪费时间。同时,道德高尚的人应该多看到别人的长处,喜欢揭短之人,必定招致祸患。明哲保身,我们应该做到"闲谈莫论他人非"。

十

孟子曰:"仲尼不为已甚者。"

【译文】

孟子说:"孔子不做太过分的事。"

十一

孟子曰:"大人者,言不必信,行不必果,惟义所在。"

【译文】

孟子说:"有德行的人,说话不一定都讲信用,行为不一定都果断,只看是否合乎义。"

十二

孟子曰:"大人者,不失其赤子之心者也。"

【译文】

孟子说:"有德行的人,就是不丧失婴儿那淳朴之心的人。"

十三

孟子曰:"养生者不足以当大事,惟送死可以当大事。"

【译文】

孟子说:"奉养健在的父母算不上大事,只有安葬送终才算得上是大事。"

十四

孟子曰:"君子深造之以道,欲其自得之也。自得之,则居之安;居之安,则资①之深;资之深,则取之左右逢其原②,故君子欲其自得之也。"

【注释】
①资:货;积累。
②原:通"源"。

【译文】
孟子说:"君子用正确的方法来加深造诣,是想自觉地有所得。自觉地有所得才能掌握牢固,掌握牢固就能积蓄深厚,积蓄深厚才能用起来左右逢源,所以君子希望能自觉地有所得。"

万章章句上

一

万章问曰:"舜往于田,号泣于旻天,何为其号泣也?"

孟子曰:"怨慕也。"

万章曰:"'父母爱之,喜而不忘。父母恶之,劳而不怨。'然则舜怨乎?"

曰:"长息问于公明高曰①:'舜往于田,则吾既得闻命矣。号泣于旻天,于父母,则吾不知也。'公明高曰:'是非尔所知也。'夫公明高以孝子之心,为不若是恝②;我竭力耕田,共为子职而已矣。父母之不我爱,于我何哉?帝使其子九男二女,百官牛羊仓廪备,以事舜于畎亩之中,天下之士多就之者,帝将胥天下而迁之焉。为不顺于父母,如穷人无所归。天下之士悦之,人之所欲也,而不足以解忧;好色,人之所欲,妻帝之二女,而不足以解忧;富,人之所欲,富有天下,而不足以解忧;贵,人之所欲,贵为天子,而不足以解忧。人悦之、好色、富贵,无足以解忧者,惟顺于父母可以解忧。人少,则慕父母,知好色,则慕少艾③,有妻子,则慕妻子,仕则慕君,不得于君则热中④。大孝终身慕父母。五十而慕者,予于大舜见之矣。"

【注释】

①长息:公明高的学生。公明高:曾子的学生。

②恝(jiā):没有忧愁的样子。

③少艾:年轻美貌的少女。

④热中:躁急心热。

【译文】

万章问道:"舜到农田去耕种,向天空呼告哭泣,他为什么要呼告哭泣呢?"

孟子说:"这是因为他对父母既怨恨又怀恋的缘故。"

万章说:"从前曾子说过'父母喜爱他,虽然高兴却不敢懈怠;父母讨厌他,虽然忧愁却不因此而怨恨'。那么,舜怨恨父母吗?"

孟子说:"长息曾问过公明高:'舜到农田去耕种,这我已经明白,他向天诉苦哭泣,诉说父母的不是,这我就不知道了。'公明高说:'这个不是你所能理解的。'公明高的意思是,孝子之心是不会这样若无其事的;我尽力耕田,恭敬地尽做儿子的职责了,父母不喜欢我,我有什么办法呢?尧派他的九个儿子,两个女儿,还有百官带着牛羊、粮食,到农田里服侍舜,天下的士人也纷纷前来,尧把整个天下让给他。舜由于没能得到父母的欢心,就如走投无路的人找不到归宿一般。天下的士人都喜欢他,是人们所希望的,却不能解除他的忧愁;美貌的姿色,是人们所希望的,娶了尧帝的两个女儿,却不能解除他的忧愁;财富,是人们所希望的,他拥有整个天下的财富,却不能解除他的忧愁;显贵,是人们所希望的,身贵为天子,也不能解除他的忧愁。大家的喜爱、美貌和姿色、富有和显贵,没有一样能解除他的忧愁,唯有得到父母的欢心才能解除忧愁。人在小时候,怀恋父母;懂得喜欢美色时,就思慕年轻而又漂亮的姑娘;有了妻室子女,就爱护妻子儿女;做官便求得君主的欢心,得不到君主信任,内心便焦急而烦躁。只有最孝顺的人才终身怀恋父母。到了五十岁还在怀恋父母的,我在大圣人舜身上见到了。"

大孝终身慕父母。

在忙碌的生活中,每个人都尽力地与他人搞好关系。在学校,努力讨老师和同学的欢心;在工作中,努力讨领导和同事的欢心;在爱情中,努力讨恋人的欢心。唯独忘记了讨父母的欢心。父母给了我们生命,给了我们家庭,给了我们教育,一生都在为我们操劳,到了晚年理应得到我们的奉养。然而,孝敬父母绝不仅仅是为他们提供物质保证,更重要的是在精神上与他们交流,讨他们的欢心。一位精神愉悦的老人，才是真正幸福的。因此，要做到一个孝字，必须"终身慕父母"。

二

万章①问曰："《诗》云：'娶妻如之何？必告父母。'信斯言也，宜莫如舜。舜之不告而娶，何也？"

孟子曰："告则不得娶。男女居室，人之大伦也；如告，则废人之大伦，以怼②父母，是以不告也。"

万章曰："舜之不告而娶，而吾既得闻命矣。帝之妻舜而不告，何也？"

曰："帝亦知告焉则不得妻也。"

万章曰："父母使舜完廪，捐阶，瞽瞍焚廪，使浚井，出，从而揜之。象③曰：'谟盖都君咸我绩，牛羊父母，仓廪父母，干戈朕，琴朕，弤④朕，二嫂使治朕栖。'象往入舜宫，舜在床琴。象曰：'郁陶思君尔。'忸怩⑤。舜曰：'惟兹臣庶，汝其于予治！'不识舜不知象之将杀己与？"

曰："奚而不知也？象忧亦忧，象喜亦喜。"

曰："然则舜伪喜者与？"

曰："否。昔者有馈生鱼于郑子产，子产使校人⑥畜之池。校人烹之，反命曰：'始舍之，圉圉焉，少则洋洋⑦焉，攸然而逝。'子产曰：'得其所哉！得其所哉！'校人出，曰：'孰谓子产智？予既烹而食之，曰，得其所哉，得其所哉。'故君子可欺以其方，难罔以非其道。彼以爱兄之道来，故诚信而喜之，奚伪焉？"

【注释】

①万章：孟子弟子。

②怼(duì)：怨。犹今言"对不起"。

③象：舜的同父异母的弟弟。

④弤(dǐ):舜的雕弓名。
⑤忸怩:惭愧的样子。
⑥校人:池塘管理人员。
⑦洋洋:舒舒服服地摇着尾巴的样子。

【译文】

万章问道:"《诗经》中说:'娶妻应该怎么办?一定得事先禀告父母。'相信这话的人,应该没有比得上舜的。但是,舜却并不禀告父母就娶了妻,这是什么道理呢?"

孟子说:"如果禀告了父母就娶不成妻子。男女结合成家,是人与人的重大伦常关系。如果禀告了,就会破坏这一常理,就会怨恨父母,所以不能禀告父母。"

万章又说:"舜不禀告父母就娶妻,我已经听懂了其中的道理;那么,尧嫁女儿给舜却不告诉舜的父母,这又是什么道理呢?"

孟子说:"尧也知道假如事先禀告,就不能把女儿嫁给舜了。"

万章说:"父母叫舜去整修谷仓,等舜上到屋顶就抽去了梯子,然后他的父亲瞽瞍放火焚烧谷仓。他打发舜去淘井,他一出井就用土堵塞了井口。舜的弟弟象说:'设法除掉大哥都是我的功劳。牛羊分给父母,粮仓分给父母,盾和戈归我,琴归我,雕漆的弓归我,让两位嫂嫂为我铺床叠被。'象到舜的屋里,舜却坐在床上弹琴。象只好撒谎说:'我好思念你啊!'满面惭色。舜说:'我心里想着那些臣民,你协助我管理他们吧!'不知道舜知不知道象要杀害他呢?"

孟子说:"怎么会不知道呢?只不过象忧愁,他也忧愁;象高兴,他也高兴。"

万章说:"那么,舜是假装成高兴的样子吗?"

孟子说:"不是。从前有人送了条活鱼给郑国的子产,子产让管池塘的人把它放到池中养着,管池塘的人把鱼煮着吃了,却向子产汇报说:'刚放进池塘里还半死不活的样子,过了一会儿,就摇头摆尾活动起来,快速游入深水,游得无影无踪了。'子产说:'它找到自己的地方了,它找到自己的地方了!'管池塘的人出来后说:'谁说子产聪明?我已经把鱼煮了吃下,他却说,鱼儿找到了自己的地方,鱼儿找到了自己的地方。'所以对于君子，别人可用合乎情理的方法去欺骗他，却不能用违背情理的手段去蒙骗他。象既然假装着敬爱兄长的样子来，所以舜真诚地相信并感到高兴，为什么说是假装的呢？"

三

万章问曰："象日以杀舜为事。立为天子则放之，何也？"

孟子曰："封之也，或曰放焉。"

万章曰："舜流共工于幽州①，放驩兜于崇山②，杀三苗于三危③，殛鲧于羽山④，四罪而天下咸服，诛不仁也。象至不仁，封之有庳⑤。有庳之人奚罪焉？仁人固如是乎——在他人则诛之，在弟则封之？"

曰："仁人之于弟也，不藏怒焉，不宿怨焉，亲爱之而已矣。亲之，欲其贵也；爱之，欲其富也。封之有庳，富贵之也。身为天子，弟为匹夫，可谓亲爱之乎？"

"敢问或曰放者，何谓也？"

曰："象不得有为于其国，天子使吏治其国而纳其贡税焉，故谓之放。岂得暴彼民哉？虽然，欲常常而见之，故源源而来，'不及贡，以政接于有庳'，此之谓也。"

【注释】

①共工：水官名。幽州：指北方边远地区。

②驩兜：即尧的儿子丹朱。一说指帝尧的臣子。崇山：指南方的边远之地。

③杀：为"窜"的假借字。三苗：古国名。三危：指西方的边远之地。

④殛鲧于羽山：殛，杀；鲧（gǔn），禹的父亲，相传他因治水无功而获罪；羽山，此指东方的边远之地。

⑤有庳（bì）：地名，旧说在今河南道县之北。

【译文】

万章问道："象每天都把如何杀掉舜当作大事，舜被拥立为天子后，只是将他流放,为什么?"

孟子说:"实际是舜封他做诸侯,不过也有人说是流放他。"

万章说:"舜把共工流放到幽州,把驩兜发配到崇山,把三苗国君驱赶到三危,在羽山杀掉了鲧,惩处了这四大罪犯后,天下的人便都归服了,因为是讨伐了不仁的人的缘故。象是最不仁的人,却把他封在有庳国,有庳国的百姓有什么过错?仁爱的人就应该是这样吗?对别人就加以诛伐,对弟弟就封赏国土?"

孟子说:"仁人对于弟弟,心里不藏愤怒,不积怨恨,只是爱护亲近他罢了。亲近他,就要让他有地位;爱护他,就希望他富有。封为有庳国的侯,这正是为了使他富贵。自己做了天子,弟弟是一个平民,这能说是亲爱他吗?"

(万章又问:)"请问,有人说是流放,这是什么意思呢?"

孟子说:"象不能在他的封国里有所作为,天子派遣官吏去帮他治理国家,收取他的贡税,所以有人说是流放。象难道能暴虐他的百姓吗?尽管这样,舜还想常常见到象,所以不断地来。'没到规定的朝贡的时候,假借政治上的需要来接待有庳',就是指这件事。"

万章章句下

一

孟子曰:"伯夷,目不视恶色,耳不听恶声。非其君不事,非其民不使。治则进,乱则退。横政①之所出,横民之所止,不忍居也。思与乡人处,如以朝衣朝冠坐于涂炭也。当纣之时,居北海之滨,以待天下之清也。故闻伯夷之风者,顽②夫廉,懦夫有立志。

"伊尹曰:'何事非君?何使非民?'治亦进,乱亦进,曰:'天之生斯民也,使先知觉后知,使先觉觉后觉。予,天民之先觉者也。予将以此道觉此民也。'思天下之民,匹夫匹妇有不与被尧、舜之泽者,若己推而内之沟中——其自任以天下之重也。

"柳下惠不羞污君,不辞小官。进不隐贤,必以其道。遗佚而不怨,阨穷而不悯。与乡人处,由由然不忍去也。'尔为尔,我为我,虽袒裼裸裎于我侧,尔焉能浼我哉?'故闻柳下惠之风者,鄙夫宽,薄夫敦③。

"孔子之去齐,接淅④而行。去鲁,曰:'迟迟吾行也,去父母国之道也。'可以速而⑤速,可以久而久,可以处而处,可以仕而仕,孔子也。"

孟子曰:"伯夷,圣之清者也;伊尹,圣之任者也;柳下惠,圣之和者也,孔子,圣之时者也。孔子之谓集大成。集大成也者,金声而玉振之也⑥。金声也者,始条理也;玉振之也者,终条理也。始条理者,智之事也,终条理者,圣之事也。智,譬则巧也;圣,譬则力也。由射于百步之外也,其至,尔力也;其中,非尔力也。"

【注释】

①横政:横逆暴虐之政。

②顽：贪。

③敦：仁厚。

④接淅：淅，浸在水中还没有经过淘洗的米。接淅，把浸在水中未经淘洗的米不等晾干就捞起来。

⑤而：相当于"则"。

⑥金声而玉振之：金，指用金属制成的乐器，如钟、钹之类；玉，用玉制成的乐器，如磬之类；声，动词，宣布开始；振，收尾。

【译文】

孟子说："伯夷，眼睛不看不好的颜色，耳朵不听不好的声音。不是理想的君主，他不去侍奉；不是理想的臣民，他不使唤。天下太平他就出仕，天下动乱他就退隐。推行暴政的国家，暴民出没的地方，他不愿意去住。认为和乡里粗暴的百姓一起，就像是穿着朝服戴着上朝的帽子坐在污泥和炭灰上一样。纣的时候，伯夷住在北海之滨，等待天下清平的到来。所以听到伯夷的高尚风节，贪婪的人也会变得廉洁，怯懦的人也会树立起大的志向。

"伊尹说：'什么君主不能侍奉？什么臣民不能使唤？'天下太平的时候他会仕进，天下混乱的时候他也会仕进，说：'天降生百姓，是要让那些先知先觉的人启发那些后知后觉的人。我，是天下的先觉之人。我将要凭借真理来使百姓觉悟。'想到天下百姓，任何普通男女有不能获得尧、舜恩泽的，就像是自己把他们推进了水沟中一样——他自愿承担天下的重任。

"柳下惠并不以侍奉无德的君主为耻，做一个小官也不会推辞，仕进就不隐藏自己的才干，一定按原则做事。被遗弃也毫无怨言，身处困厄也不自哀自怜。和乡里人相处，高高兴兴不愿离开他们。（他说）'你是你，我是我，即使你赤身裸体坐在我身旁，又怎能玷污我的品格呢？'所以听到柳下惠高尚风节的，浅陋的人也会胸襟开阔，刻薄的人也会变得仁厚。

"孔子离开齐国，把浸在水中的米捞起来，来不及晾干就走；离开鲁国，说：'我们慢慢走吧，这是离开祖国的道理。'应该快走就快些走，应该久留就久留，应该退隐闲居就退隐闲居，应该做官就做官，这便是孔子。"

孟子说："伯夷，是圣人中品节清高的人；伊尹，是圣人中能负责任的人；柳下惠，是圣人中平易随和的人；孔子，是圣人中能审时度势的人。孔子可以称得上是集大成的人。所谓集大成，就如同演奏音乐用金属乐器演奏开端,用玉制乐器演奏尾声。金属乐器演奏开端,是条理的开始;玉制乐器演奏尾声,是条理的收束。条理的开始,是凭借智慧的事;条理的收束是完成圣德的事。智慧,就像是巧艺;圣德,就像是力气。就像从百步之外射箭一样,箭射到靶子,凭的是力气;要射中靶子,就不是单凭力气了。"

二

北宫锜问曰:"周室班爵禄也①,如之何?"

孟子曰:"其详不可得闻也,诸侯恶其害己也,而皆去其籍;然而轲也尝闻其略也。

"天子一位,公一位,侯一位,伯一位,子、男同一位,凡五等也。君一位,卿一位,大夫一位,上士一位,中士一位,下士一位,凡六等。天子之制,地方千里,公侯皆方百里,伯七十里,子、男五十里,凡四等。不能②五十里,不达于天子,附于诸侯,曰附庸③。天子之卿受地视④侯,大夫受地视伯,元士⑤受地视子、男。大国地方百里,君十卿禄,卿禄四大夫,大夫倍上士,上士倍中士,中士倍下士,下士与庶人在官者同禄,禄足以代其耕也。次国地方七十里,君十卿禄,卿禄三大夫,大夫倍上士,上士倍中士,中士倍下士,下士与庶人在官者同禄,禄足以代其耕也。小国地方五十里,君十卿禄,卿禄二大夫,大夫倍上士,上士倍中士,中士倍下士,下士与庶人在官者同禄,禄足以代其耕也。耕者之所获,一夫百亩,百亩之粪,上农夫食九人,上次食八人,中食七人,中次食六人,下食五人。庶人在官⑥者,其禄以是为差。"

【注释】

①北宫锜:卫国人,生平事迹不可考。班:列,这里当动词用,是划定等级的意思。

②不能:这里是不足、不满的意思。

③附庸:"庸"通"墉",城墙;附庸,就是附属于大国,不能自主。

④视:比。

⑤元士:上士。

⑥庶人在官:庶人,百姓;庶人在官,百姓在官府当差的。

【译文】

北宫锜问:"周王室划分官爵和俸禄的等级制度,是怎样的呢?"

孟子说:"具体情况不能了解。因为诸侯厌恶那种制度对自己的不利,都把那些文献全部销毁了。但是我曾经听到过它大致的情况。

"那时的官爵制度是:天子一级,公一级,侯一级,伯一级,子、男一级,一共五等。各国官位的制度是:天子是一级,卿是一级,大夫是一级,上士是一级,中士是一级,下士是一级,一共分六等。俸禄的制度是:天子的土地方圆一千里,公和侯各一百里,伯七十里,子、男各五十里,一共分为四级。面积不足五十里的,不能直接隶属国君,只能附属于各诸侯,称为附庸。天子的卿所受土地和侯相同,大夫所受的土地和伯相同,上士所受的土地和子、男相同。公侯大国的土地方圆皆是百里。君主的俸禄是卿的十倍,卿的俸禄是大夫的四倍,大夫比上士多一倍,上士比中士多一倍,中士比下士多一倍,下士和在政府当差的百姓所得的俸禄相等,他们所得的俸禄之和足以代替农耕的收入。中等国家的土地方圆七十里,国君的俸禄是卿的十倍,卿的俸禄是大夫的三倍,大夫的俸禄比上士多一倍,上士比中士多一倍,中士比下士多一倍,下士和在政府当差的百姓俸禄相等,他们所得的俸禄足以抵得上从事农耕所得的收入。小国方圆五十里,国君的俸禄是卿的十倍,卿的俸禄比大夫多二倍,大夫的俸禄比上士多一倍,上士的俸禄比中士多一倍,中士的俸禄比下士多一倍,下士所得的俸禄和在政府当差的百姓所得的俸禄相同,他们所得的收入足以抵得上农耕所得的收入。农耕者所得,一个人享有一百亩。百亩田地进行耕种施肥,上等的农夫可以养活九口人,较上等次一等的农夫能养活八口人,中等的农夫能养活七口人,较中等次一等的农夫养活六口人,下等的农夫养活五口人。在政府当差的百姓的俸禄,也按照这个等级依次递减。"

三

万章问曰:"敢问友。"孟子曰:"不挟长,不挟贵,不挟兄弟①而友。友也者,友其德也,不可以有挟也。孟献子②,百乘之家也,有友五人焉:乐正裘,牧仲,其三人则予忘之矣。献子之与此五人者友也,无献子之家者也。此五人者,亦有献子之家,则不与之友矣。非惟百乘之家为然也,虽小国之君亦有之。费惠公③曰:'吾于子思则师之矣,吾于颜般④则友之矣;王顺、长息⑤,则事我者也。'非惟小国之君为然也,虽大国之君亦有之。晋平公之于亥唐⑥也,入云则入,坐云则坐,食云则食。虽蔬食菜羹,未尝不饱,盖不敢不饱也。然终于此而已矣。弗与共天位也,弗与治天职也,弗与食天禄也。士之尊贤者也,非王公之尊贤也。舜尚见帝,帝馆甥于贰室⑦,亦飨舜,迭为宾主,是天子而友匹夫也。用下敬上,谓之贵贵;用上敬下,谓之尊贤。贵贵尊贤,其义一也。"

【注释】

①不挟兄弟:挟,倚仗。即不倚仗有权势的兄弟。

②孟献子:鲁国的贵族孟孙氏。

③费(bì)惠公:费,春秋时候的小国名;费惠公,是费国的国君。

④颜般:或作"颜敢",春秋时人。

⑤王顺、长息:王顺或作"王慎",和长息都是战国时候费国人。

⑥亥唐:春秋时晋国的隐逸者,身处陋巷之中,高尚其志。

⑦帝馆甥于贰室:甥,女婿,指舜;按古代的礼制,男子结婚后称自己的岳父为舅,因而岳父可称女婿为甥;贰室,副官。

【译文】

万章问:"请问怎样交朋友。"孟子说:"不依恃自己年长,不依恃自己地位尊贵,不依恃自己有权势的兄弟来交友。交朋友,是以对方的品德为友,不能倚仗别的。孟献子,是拥有百辆战车的大夫,他有五个朋友:乐正裘、牧仲,其他三个人我忘了。献子和这五个人交朋友,心中根本没有倚仗自己是拥有百车之家的大夫。这五个人,如果心中也想着献子是拥有百车之家的大夫,就不会同他交朋友了。不仅拥有百辆战车的大夫是如此,即使是小国的君主也有这样的。费惠公说:'我对子思,是把他当作老师看待;对颜班,将他当朋友看待;对于王顺、长息,是侍奉我的臣子。'不仅小国的君主如此,即使是大国的君主也有这样的。晋平公对亥唐也是这样,亥唐让他进去他就进去,让他坐他就坐下,让他吃饭他就吃饭。即使是粗糙的饭菜,从来不曾吃不饱。大概是不敢不吃饱吧。但是不过如此罢了。亥唐不和他同居官位,不和他一起处理政事,不和他一同享受俸禄。这是士人敬重贤人,而不是王公大人敬重贤人。舜谒见尧的时候,尧帝在副宫款待这位女婿,也请舜吃饭,互为宾主,这是天子与普通百姓交友的榜样。以低下的身份尊敬高贵的人,叫作尊敬贵人;以高贵的地位尊敬地位低下的人,叫作尊敬贤者。尊敬贵人和尊敬贤人,其道理是一样的。"

友也者,友其德也。

在家靠父母,出门靠朋友。在我们的人际关系中,朋友是很重要的一部分。然而,"近朱者赤,近墨者黑",好的朋友,与我们在生活中互相帮助,携手共进。品质不好的朋友,则会给你带来麻烦,甚至把你引向犯罪的深渊。因此,交朋友,一定要擦亮眼睛,并且要有一定的原则。交朋友,绝不是为了攀附富贵,从中得到多少好处,如果带着这样功利的目的去交往,不可能收获友情。交友贵在交心,高尚的品德才是友谊的基础。我们常说良师益友,可见,交朋友最该注重的是对方的品德,而不是其他。

用上敬下,谓之尊贤。

自古以来,中国人将尊贤与敬老并称,足以见其地位之高。大凡成功之人都能礼贤下士,正因为有这些贤人的辅佐,才成就了他们的事业。贤人,不一定具有强大的外在力量,但都具有超常的才能、智慧和高尚的德行,他们利国利民,深得人们的爱戴。然而,社会在发展,人类在进步,当今的社会,我们不仅仅要尊贤,还要学会以贤为师。"海纳百川,有容乃大",只有善于分析和学习贤人的长处,才能不断地提高自己。

告子章句上

一

告子曰:"性犹杞柳①也,义犹桮棬②也。以人性为仁义,犹以杞柳为桮棬。"

孟子曰:"子能顺杞柳之性而以为桮棬乎?将戕贼③杞柳而后以为桮棬也?如将戕贼杞柳而以为桮棬,则亦将戕贼人以为仁义与?率天下之人而祸仁义者,必子之言夫!"

【注释】

①杞柳:亦称红皮柳。落叶丛生灌木。

②桮棬(quān):亦作"杯棬""杯圈"。一种大杯。桮,通"杯"。

③戕(qiāng)贼:伤害,损害。

【译文】

告子说:"人的本性就像杞柳,义理就像杯子;把人的本性纳入仁义中,就好像用杞柳来制作杯子。"

孟子说:"你是顺着杞柳的性质制作杯子呢?还是要残害杞柳的性质去制作杯子呢?如果要残害杞柳的性质来做成杯子,那么,也要毁伤人的本性后才能让人有仁义吗?率领天下的人都来残害仁义的,一定是你的这种理论了!"

二

告子曰:"性犹湍①水也,决诸东方则东流,决诸西方则西流。

人性之无分于善不善也,犹水之无分于东西也。"

孟子曰:"水信②无分于东西,无分于上下乎?人性之善也,犹水之就下也。人无有不善,水无有不下。今夫水,搏而跃之,可使过颡③;激而行之,可使在山。是岂水之性哉?其势则然也。人之可使为不善,其性亦犹是也。"

【注释】

①湍(tuān):急流的水。

②信:的确。

③颡(sǎng):额头。

【译文】

告子说:"人性犹如急流的水,打开东方的决口就向东流,打开西方的决口就向西流。人性也没有善和不善之分,就好像水不分向东流和向西流。"

孟子说:"水确实不分向东流和向西流,难道也不分向上流或向下流吗?人性的善良,犹如水向低处流一样。人没有不善良的,水也没有不向低处流的。如果拍击水使它飞溅起来,可以高过额头;阻遏水道使它倒流,可以把它引到山上。难道这是水的本性吗?是形势迫使它这样罢了。人之所以能够做坏事,其本质和水的情况一样。"

人无有不善,水无有不下。

"善"不是人生中的一个虚词,它需要落实到实际行动中。孟子讲"人无有不善,水无有不下",是说人的本性是善良的,就像水的本性是往下流动一样。水往下流是因为地心引力,人心向善是因为爱的引力。爱,是一种能力。因为爱,我们学会了宽容;因为爱,我们学会了付出;因为爱,我们拥有快乐。之所以有善的存在,就是因为心中有爱。然而,爱也有可能被物欲所蒙蔽。有的人为了追求物欲的满足,不惜留下骂名。不要因为世俗的羁绊,而丢失爱的能力,那样的人生是可悲的。

三

告子曰:"生之谓性①。"

孟子曰:"生之谓性也,犹白之谓白与?"

曰:"然。"

"白羽之白也,犹白雪之白;白雪之白,犹白玉之白与?"

曰:"然。"

"然则犬之性,犹牛之性,牛之性,犹人之性与?"

【注释】

①生之谓性:生,泛指一切事物的产生;性,指事物的自然性质。

【译文】

告子说:"天生的事物叫作天性。"

孟子问道:"天生的事物叫作天性,就好像一切物体的白色叫作白吗?"

答道:"是的。"

(孟子又问道:)"白羽毛的白色,就如同白雪的白色。白雪的白就犹如白玉的白吗?"答道:"是的。"

(孟子又问道:)"那么,狗的属性就如同牛的属性,牛的属性就如同人的属性吗?"

四

告子曰:"食、色,性也。仁,内也,非外也;义,外也,非内也。"

孟子曰:"何以谓仁内义外也?"

曰:"彼长而我长之,非有长于我也。犹①彼白而我白之,从其白于外也,故谓之外也。"

曰:"异于②白马之白也,无以异于白人之白也。不识长马之长也,无以异于长人之长与? 且谓长者义乎? 长之者义乎?"

曰:"吾弟则爱之,秦人之弟则不爱也,是以我为悦者也,故谓之内。长楚人之长,亦长吾之长,是以长为悦者也,故谓之外也。"

曰:"耆秦人之炙,无以异于耆吾炙③。夫物则亦有然者也。然则耆炙亦有外与?"

【注释】

①犹:犹如,好像。

②异于:二字疑为衍文。

③耆:通"嗜"。炙:烤熟的肉。

【译文】

告子说:"饮食男女,这是人的天性。仁是内在的,而不是外在的;义是外在的,而不是内在的。"

孟子说:"为什么说仁是内在的,义是外在的呢?"

告子答道:"他年纪大我才对他尊敬,不是我心里原来就有的;犹如那东西是白色的,我就认为它是白的,是根据它白色的外表,所以说是外在的东西。"

孟子说:"白马的白色和白人的白色也许没有什么不同;但不知道对老马的尊敬和对老人的尊敬,也没有什么不同吗? 而且你所说的义,是说年老的人呢? 还是说尊敬老人的人呢?"

答道:"是我的弟弟就爱他,是秦国人的弟弟就不爱他,是因为我内心乐意这样做,所以说仁是内在的。尊敬楚国的老人,也尊敬自己的老人,是因为他们都是老人,才乐意这样做的,所以说义是外在的。"

孟子说:"喜欢吃秦国人的烤肉,和喜欢吃自己的烤肉,没有什么不同。事物也有类似的情形,既然如此,喜欢吃烤肉的心也是外在的吗?"

五

孟季子①问公都子曰:"何以谓义内也?"

曰:"行吾敬,故谓之内也。"

"乡人长于伯兄一岁,则谁敬?"

曰:"敬兄。"

"酌②则谁先?"

曰:"先酌乡人。"

"所敬在此,所长在彼,果在外,非由内也。"

公都子不能答,以告孟子。

孟子曰:"敬叔父乎?敬弟乎?彼将曰,'敬叔父。'曰,'弟为尸③,则谁敬?'彼将曰:'敬弟。'子曰,'恶在其敬叔父也?'彼将曰,'在位故也。'子亦曰,'在位故也。庸④敬在兄,斯须之敬在乡人。'"

季子闻之,曰:"敬叔父则敬,敬弟则敬,果在外,非由内也。"

公都子曰:"冬日则饮汤,夏日则饮水,然则饮食亦在外也?"

【注释】

①孟季子:其人不详。

②酌(zhuó):斟酒。

③尸:古代代表死者受祭的活人。

④庸:平时。

【译文】

孟季子问公都子说:"为什么说义是内在的呢?"

公都子说:"恭敬发自我的内心,所以说是内在的。"

(孟季子问:)"同乡人比你哥哥大一岁,那你尊敬谁?"

公都子说:"尊敬哥哥。"

(孟季子问:)"先给谁斟酒?"

公都子说:"先给同乡年长的人。"

(孟季子问:)"敬重哥哥,却又先斟酒给同乡长者,可见义果然是外在的,并不是内在的。"

公都子无法回答,就把这件事告诉了孟子。

孟子说:"(你问他)是尊敬叔叔呢?还是尊敬弟弟呢?他会说:'尊敬叔叔。'(你)再问:'弟弟如果做了受祭的人代表死者,那尊敬谁呢?'他会说:'尊敬弟弟。'你就说:'那为什么又说尊敬叔叔呢?'他会说:'是弟弟在那个位置的缘故。'你也说:'是同乡长者在那个位置的缘故。'平时尊敬的是哥哥,暂时尊敬的是同乡长者。"

季子听到这话后说:"尊敬叔叔是尊敬,尊敬弟弟也是尊敬,可见义果然是外在的,不是内在的。"

公都子说:"冬天喝热水,夏天却喝凉水,那么,饮食也是外在的吗?"

六

公都子曰:"告子曰:'性无善无不善也。'或曰:'性可以为善,可以为不善。是故文、武兴,则民好善;幽、厉兴,则民好暴。'或曰:'有性善,有性不善。是故以尧为君而有象,以瞽瞍为父而有舜,以纣为兄之子且以为君,而有微子启、王子比干。'今曰'性善',然则彼皆非与?"

孟子曰:"乃若其情,则可以为善矣,乃所谓善也。若夫为不善,非才之罪也。恻隐之心,人皆有之;羞恶之心,人皆有之;恭敬之心,人皆有之;是非之心,人皆有之。恻隐之心,仁也;羞恶之心,义也;恭敬之心,礼也;是非之心,智也。仁义礼智,非由外铄①我也,我固有之也,弗思耳矣。故曰:'求则得之,舍则失之。'若相倍蓰而无算者,不能尽其才者也。《诗》曰:'天生蒸民,有物有则。民之秉彝,好是懿德②。'孔子曰:'为此诗者,其知道乎!故有物必有则;民之秉彝也,故好是懿德。'"

【注释】

①铄:给,授。

②蒸:众。物:事。则:法。彝:常。懿:美也。

【译文】

公都子说:"告子说:'人性没有善良和不善良的问题。'也有人说:'可以让人性善良,也可以让它不善良;因此在周文王和周武王统治时期,民众就趋向善良；周幽王和周厉王统治时期，民众就趋向横暴。'也有人说：'有本性善良的人，有本性不善良的人；因此尧那样的圣贤当君主时，却有象那样恶劣的民众；而瞽瞍那样的坏父亲却有舜那样好的儿子；有纣这样坏的侄儿，而且还做了君主，却有微子启、王子比干这样的贤人辅佐。如今说'人性善良'，那么是他们说的都错了吗？"

孟子说："从人的天生资质看，是可以使他善良的，这就是我所说的人性善良。至于有些人做坏事情，并不是他们天生资质的过错。同情心，人人都有；羞耻惭愧的心，人人都有；恭敬的心，人人都有；是非心，人人都有。同情心，是仁的表现；羞耻惭愧的心，是义的表现；谦让而有礼貌的心，是礼的表现；是非心是智的表现。仁、义、礼、智，并不是外界交给我的，是我本身就有的，只是没思考它罢了。所以说：'追求就会得到，放弃就会失去。'人们之间相差一倍、五倍，甚至无数倍，是不能充分发挥天生资质的缘故。《诗经》中说：'天生养众民，不同的事物有不同的规则。民众掌握了常规，会喜爱那些优良的品德。'孔子说：'作这首诗的人，是很懂得道理的呀！所以有事物就有事物存在的规则；民众掌握了常规，就会喜爱那些优良的品德。'"

求则得之，舍则失之。

　　读书素来是一件自觉之事。如果一个人抱着尽义务的态度去读书，便不了解读书的艺术；如果一个人读书不能深刻地反思，便达不到读书的境界。孟子认为"求则得之，舍则失之。"可见，自主的学习心态极为重要。俗语说，"师傅领进门，修行在个人。"真知是在刻苦求学中得到的，实学是在严谨探索中觅得的。读书是一个循序渐进的过程，一个人要出于自然，保持着好的心情，同时把读书当成一种乐趣，一种享受，这才是内在的动力。也只有如此，才能真正达到读书明理。

告子章句下

一

任人有问屋庐子曰①："礼与食孰重？"

曰："礼重。"

"色与礼孰重？"

曰："礼重。"

曰："以礼食，则饥而死；不以礼食，则得食，必以礼乎？亲迎②，则不得妻；不亲迎，则得妻，必亲迎乎？"

屋庐子不能对。明日之邹③，以告孟子。

孟子曰："于！答是也，何有④？不揣⑤其本，而齐其末，方寸之木可使高于岑楼⑥。金重于羽者，岂谓一钩⑦金与一舆羽之谓哉？取食之重者与礼之轻者而比之，奚翅⑧食重？取色之重者与礼之轻者而比之，奚翅色重？往应之曰：'紾⑨兄之臂而夺之食，则得食，不紾，则不得食，则将紾之乎？逾东家墙而搂其处子⑩，则得妻；不搂，则不得妻，则将搂之乎？'"

【注释】

①任：周初诸侯国名，故地在今山东济宁县境，战国时其地入鲁。屋庐子：名连，孟子的弟子。

②亲迎：古代婚礼仪式之一，此处概指正式的婚礼。

③邹：任与邹相距约百里。

④何有：有何难。

⑤揣：度量。

⑥岑楼:高楼。

⑦钩:带钩是古人系连腰带的小饰件。

⑧翅:同"啻",意为止、但。

⑨紾(zhěn):扭转。

⑩处子:处女,古通称子女为"子"。

【译文】

有个任国人问屋庐子说:"礼仪与饮食哪个重要?"

屋庐子说:"礼仪重要。"

(任人说:)"娶妻与礼仪哪个重要?"

屋庐子说:"礼仪重要。"

任人说:"按照礼仪谋食就饿死,不按照礼仪谋食就得食,一定要遵守礼仪吗?依礼迎亲就得不到妻子,不依礼迎亲就能得到妻子,一定要依礼迎亲吗?"

屋庐子没有话回答,第二天去邹国把这话告诉了孟子。

孟子说:"答复这个问题有什么难呢?不度量根基而让顶端平齐,可以使寸把厚的木块高过尖顶高楼。金子重于羽毛,难道能说一丁点金子比一车子羽毛还重吗?拿饮食的重要方面与礼仪的轻微方面相比较,何止是饮食重要?拿婚姻的重要方面与礼仪的轻微方面相比较,何止是娶妻重要?你去答复他说:'扭折兄长的胳膊去抢夺他的食物就能得到吃的,不扭就不能得到吃的,会去扭吗?翻越东邻的院墙去搂抱他家的少女就能娶妻,不搂抱就不能娶妻,会去搂抱吗?'"

二

曹交问曰:"人皆可以为尧、舜,有诸?"

孟子曰:"然。"

"交闻文王十尺①,汤九尺。今交九尺四寸以长,食粟而已,如何则可?"

曰:"奚有于是?亦为之而已矣。有人于此,力不能胜一匹雏②,则为无力人矣。今曰举百钧,则为有力人矣。然则举乌获之任,是亦为乌获③而已矣。夫人岂以不胜为患哉?弗为耳。徐行后长者谓之弟,疾行先长者谓之不弟。夫徐行者,岂人所不能哉?所不为也。尧、舜之道,孝弟而已矣。子服尧之服,诵尧之言,行尧之行,是尧而已矣。子服桀之服,诵桀之言,行桀之行,是桀而已矣。"

曰:"交得见于邹君,可以假馆,愿留而受业于门。"

曰:"夫道若大路然,岂难知哉?人病不求耳。子归而求之,有余师。"

【注释】

①尺:战国时齐鲁一带的尺度,一尺约合15.76厘米。

②一匹雏:一只小鸡。

③乌获:古时有力气的人,能移举千钧。

【译文】

曹交问道:"人人都可以成为尧、舜,有这话吗?"

孟子说:"有。"

曹交说:"我听说周文王身高一丈,成汤身高九尺,如今我九尺四寸高,只会吃饭罢了,怎样才能成为尧、舜呢?"

孟子说:"这有什么关系?只要去做就行了。如果有个人,力气提不起一只小鸡,就是没有力气的人;如今说他举得起三千斤,就是有力气的人了。那么,举得起乌获能承受的重量,也就成为乌获了。人难道应该因为不能承受而发愁?只是不做罢了。在长者之后缓慢地走叫作悌,飞快地抢在长者之前叫作不悌。缓慢地走,难道人们做不到吗?是不愿做。尧舜之道,只是孝悌而已。你穿着尧的衣服,陈述尧的言谈,施行尧的作为,你就是尧了。你穿着桀的衣服,陈述桀的言谈,施行桀的作为,你就是桀了。"

曹交说:"我要是能见到邹君就向他借个住处,愿意留下来在您的门下学习。"

孟子说:"道就像大路一样,难道难以了解吗?人的缺点是不去寻求罢了。你回去自己寻找,老师多着呢。"

人皆可以为尧、舜。

孟子认为，人都具有与生俱来的善性。由于物欲的干扰，有些人不能保养这种善性，从而产生了恶。只要肯主观努力，躬行仁义，人人都可以成为尧舜那样的圣人。但是，性善论只是为我们向善提供了可能性，至于修养的功夫还是要靠个人的努力。要成为圣贤之人，必须树立向善的信心。从自己力所能及的事情做起，不断完善自己，最终成为一个有所作为的人。可以说，性善论反对人自惭形秽，妄自菲薄，要求人自尊自贵。这大概正是"人皆可以为尧、舜"的积极意义所在吧。

尽心章句上

一

孟子曰:"尽其心者,知其性也。知其性,则知天矣。存其心,养其性,所以事天也。夭①寿不贰,修身以俟之,所以立命也。"

【注释】

①夭:短命,早死。

【译文】

孟子说:"人能够充分发挥善良的本心,就是真正懂得了人的本性。懂得了人的本性,也就是懂得了天命。保持人的善心,培养人的本性,这便是侍奉上天的方法,无论寿命长短都始终如一,培养身心以等待天命,这就是用来安身立命的方式。"

二

孟子曰:"莫非命①也,顺受其正。是故知命者不立乎岩墙②之下。尽其道而死者,正命也;桎梏死者,非正命也。"

【注释】

①莫非命:"命有三名,行善得善曰受命,行善得恶曰遭命,行恶得恶曰随命,惟顺受命为受其正也。"

②岩墙:将要倒塌的墙。

【译文】

孟子说:"没有不是命运决定的,但顺应规律去做事,所接受的便是正常的命运。因此懂得命运的人不会站在有倾倒危险的墙壁下面。尽力按正道行事而死的人，所承受的便是正常的命运；犯罪受刑而死的人，就不是正常的命运。"

知命者不立乎岩墙之下。

宿命论者是悲观的，毫无理由地把一切不顺心的事都归结于命运，这无非是怯弱的人为自己找的借口。其实，"命"只是规律而已。知命的人，不会站在危险的岩石之下。其实生活中，有很多失败与不幸都是可以避免的。只要我们把握了规律，就可以改变命运。人的旅途中有很多障碍形同虚设，有时候只是需要我们绕个道而已，生活就是这么简单。

三

孟子曰："求则得之，舍则失之，是求有益于得也，求在我者也。求之有道，得之有命，是求无益于得也，求在外者也。"

【译文】

孟子说："（有些东西）求索就能得到，放弃就会失掉，这是有益于收获的求索，所探求的对象存在于我本身。求索有一定的方法，能否得到却取决于命运，这是无益于收获的求索，因为求索的对象存在于我本身之外。"

四

孟子曰："万物皆备于我矣。反身而诚，乐莫大焉。强恕而行，求仁莫近焉。"

【译文】

孟子说："一切我都具备了。自我反省发现自己是诚实的，便是最大的快乐。勉励自己按照推己及人的忠恕之道去做,这是寻求仁德最近的路了。"

反身而诚,乐莫大焉。

天道最大的特点是诚,它养育万物而不居功,周济外物而不懈怠,胸襟如此之宽广。人道也应当效法天道,讲究一个诚字。这就要求我们时刻做到反躬自问,努力与天道合一。曾子曰:"吾日三省吾身:为人谋而不忠乎?与朋友交而不信乎?传不习乎?"可见,诚是一个内在之物,我们无须外求,只要发自本心。那么一个"诚"字,究竟妙处何在呢?简言之利人利己。做到诚,才能以仁义之心待人,成就人与人之间的和谐。做到诚,才能实现个人最大的快乐,精神的自由,也就是所谓的"反身而诚,乐莫大焉"。

五

孟子曰:"行之而不著焉,习矣而不察焉,终身由之而不知其道者,众也。"

【译文】

孟子说:"做了却不明白为什么要这样做,已经习惯了却不知其所以然,一生都顺着这条路走却不了解这是条什么路,这种人就是平庸的人。"

六

孟子曰:"人不可以无耻,无耻之耻,无耻矣。"

【译文】

孟子说:"一个人不可以没有羞耻,不知羞耻的那种羞耻,是真正的无耻呀!"

七

孟子曰:"耻之于人大矣。为机变之巧者,无所用耻焉。不耻不若人,何若人有?"

【译文】

孟子说:"羞耻对于人来说有重大意义。做奸诈事的小人,是从来不会感到羞耻的,如果不把不如别人看作羞耻,那怎么能赶上别人呢?"

八

孟子曰:"古之贤王好善而忘势。古之贤士何独不然?乐其道而忘人之势,故王公不致敬尽礼,则不得亟①见之。见且由②不得亟,而况得而臣之乎?"

【注释】

①亟(qì):屡次。
②由:通"犹",尚且。

【译文】

孟子说:"古代贤明的国君喜欢善良而忘记自己的权势,古代的贤士又何尝不是这样呢?喜欢行道而忘记了别人的权势地位,所以如果王公贵族不向他恭敬致礼,就不能多次相见。相见的次数尚且不可多得,更何况要他们做臣下呢?"

九

孟子谓宋句践①曰:"子好游②乎?吾语子游。人知之,亦嚣嚣③;人不知,亦嚣嚣。"

曰:"何如斯可以嚣嚣矣?"

曰:"尊德乐义,则可以嚣嚣矣。故士穷不失义,达不离道。穷不失义,故士得己焉;达不离道,故民不失望焉。古之人,得志,泽加于民;不得志,修身见于世。穷则独善其身,达则兼善天下。"

【注释】

①宋句践:人名。姓宋,名句践,是游说诸侯的人。
②游:游说。
③嚣嚣:自得无欲的样子。

【译文】

孟子对宋句践说:"你喜欢游说君主吗?我和你说说关于游说应取的态度。人家理解,你要自得其乐;人家不理解,你也要自得其乐。"

宋句践说:"怎样才能做到自得其乐呢?"

孟子说:"尊崇德,喜爱义,就可以自得其乐。所以士人失意时不会失去义,得意时不背离道。穷困时不失掉义,所以能自得其乐;得意时不背离道,因此百姓不会对他失望,古代的人,得意时就把恩惠遍及百姓,不得意时,修养个人的品德。穷困时便独善自身,得意时则兼善天下。"

穷则独善其身,达则兼善天下。

仁人志士,贵在有一份人文关怀,"穷则独善其身,达则兼善天下"。穷困时,守护自己的身心,不丧失胸中的正气,不怨天尤人;显达时,惠泽天下,使百姓受益。"独善其身"并不是与外世隔绝,而是要努力做好自己的分内之事,修养好自己的身心。只有达到一定的修养,才有可能"兼善天下"。如今,这样的人越来越少。大多数人只顾自己的利益,根本不关心百姓的疾苦,更不用说为百姓谋福利。丧失人文关怀的社会,是可悲的。无论穷达,我们都应该心系百姓,这才是一个知识分子应有的情怀。

尽心章句下

一

孟子曰:"不仁哉梁惠王也!仁者以其所爱及其所不爱,不仁者以其所不爱及其所爱。"

公孙丑问曰:"何谓也?"

"梁惠王以土地之故,糜烂其民而战之,大败。将复之,恐不能胜,故驱其所爱子弟以殉之,是之谓以其所不爱及其所爱也。"

【译文】

孟子说:"梁惠王真是不仁啊!仁人把他对待所爱者的心推及他所不爱的人身上,不仁者把对待他所不爱的人的心推及他爱的人身上。"

公孙丑问道:"为什么这样说呢?"

(孟子说:)"梁惠王由于土地的原因,不惜牺牲百姓的生命让他们去打仗,被打得大败。准备再打,担心不能取胜,因此又派出他所爱的子弟去作战送死。这就叫把对待他所不爱的人的心推及他所爱的人身上。"

仁者以其所爱及其所不爱。

儒家强调"内圣外王",也就是对内加强自身修养,对外成就功业。仁爱是推己及人的过程,首先要爱自己的家人,然后把这种爱推及他人,进而推及万物,使整个世界成为一个和谐的大家庭。这样一种"大爱"意识,是儒家学者们的一种自觉。对于我们普通人,缺乏的正是这种自觉的意识。大家经常说以德报怨,其实也是这种自觉意识的体现,不管别人怎样对待我,我只按照自己的原则去对待别人,不会因为别人对自己不好,而怀恨在心,打击报复。不管做任何事,只问一个应不应该,以一颗宽容博大的心胸去容纳整个世界,你才会拥有整个世界。

二

孟子曰:"春秋无义战。彼善于此,则有之矣。征者,上伐下也,敌国不相征也。"

【译文】

孟子说:"春秋时代没有正义的战争。相对来说,那一方比这一方好一点,还是有的。'征'这个词,意思是上级讨伐下级。同等级别的诸侯国之间是不该相互征讨的。"

三

孟子曰:"尽信《书》①,则不如无《书》。吾于《武成》,取二三策②而已矣。仁人无敌于天下,以至仁伐至不仁,而何其血之流杵也?"

【注释】

①《书》:指《尚书》。
②策:竹简。

【译文】

孟子说:"完全相信《尚书》,还不如没有《尚书》。我对于《武成》篇,取其中二三页罢了。仁人天下无敌,以最仁的人去讨伐最不仁的人,又怎么会发生血流成河足以把舂米的木槌都漂起来的事情呢?"

尽信《书》,则不如无《书》。

读书要善于动脑。也就是说读书要采取分析的态度,而不能盲从。孟子说:"尽信《书》,则不如无《书》。"他要求学生有存疑精神,独立思考问题。如果我们完全信书,唯书本是从,轻则使个人成为书呆子,重则形成本本主义的作风,误国误民。因此,我们要不惟书,不轻信书上的结论或前人之说,通过积极思考得出自己的结论。生活中也是如此,我们不能过于崇拜权威,轻信权威,要善于根据事实来判断问题。实践是检验真理的唯一标准,只有事实才是权威。

四

孟子曰:"有人曰:'我善为陈①,我善为战。'大罪也。国君好仁,天下无敌焉。南面而征,北夷怨②;东面而征,西夷怨。曰:'奚为后我?'武王之伐殷也,革车三百两③,虎贲④三千人。王曰:'无畏!宁尔也,非敌百姓也。'若崩厥角稽首⑤。征之为言正也,各欲正己也,焉用战?"

【注释】

①陈:通"阵"。

②南面而征,北夷怨:此句连同下面一句都是指商汤讨伐夏桀。夷,指西方和北方的少数民族。

③革车三百两:三百辆兵车。两,通"辆"。

④虎贲:武士。贲,通"奔",形容将士的勇猛,像奔跑的老虎一样。

⑤若崩厥角稽首:崩,指山的崩塌,形容百姓叩头声音极大,就像山崩一样;厥,顿;角,额头;厥角,顿首。

【译文】

孟子说:"有人说:'我善于布阵,我善于打仗。'这是大罪过。国君爱好仁,天下就没人能和他抗衡。商汤向南方征伐,北方的民族就埋怨;向东方征伐,西方的民族就埋怨。说:'为什么把我们放在后边?'武王讨伐殷商,率战车三百辆,将士三千人。武王(对殷商的百姓)说:'别害怕,我们是来让你们生活安定的,不是和你们为敌的。'殷商的百姓都伏地叩头,额头碰地的声音如同山的崩塌一样。'征'就是'正'的意思。如果各国都端正自己,哪里还用打仗呢?"

五

孟子曰:"梓匠轮舆能与人规矩,不能使人巧。"

【译文】

孟子说:"木匠和车工能教给人使用圆规、曲尺的方法,却不能使人技艺精巧。"

六

孟子曰:"舜之饭糗茹草①也,若将终身焉。及其为天子也,被袗衣②,鼓琴,二女果③,若固有之。"

【注释】

①饭糗茹草:饭,动词,吃;糗,干粮;茹,也是吃的意思。
②袗衣:有花纹的华贵衣服。
③果:侍,这里当动词用,侍奉。

【译文】

孟子说:"舜在啃干粮咽野菜的时候,好像要这样过一辈子似的。等到他做了天子后,穿着有花纹的华贵衣服,弹着琴,尧的两个女儿服侍他,又好像他本来就有这种生活似的。"

七

孟子曰:"吾今而后知杀人亲之重也。杀人之父,人亦杀其父;杀人之兄,人亦杀其兄。然则非自杀之也,一间耳。"

【译文】

孟子说:"我现在才知道杀害别人亲人的严重性。杀了别人的父亲,别人也会杀他的父亲；杀了别人的哥哥，别人也会杀他的哥哥。这样，虽然不是他亲手杀死了父亲和哥哥，但相差不多了。"

八

孟子曰："古之为关也，将以御暴；今之为关也，将以为暴。"

【译文】

孟子说："古时候设立关卡，是打算用来抵御强暴的；而现在设立关卡，是打算施行强暴的。"

九

孟子曰："身不行道，不行于妻子；使人不以道，不能行于妻子。"

【译文】

孟子说："自身行事不遵循正道，正道在他妻子儿女身上也行不通；使唤别人不遵循正道，那就连自己的妻子儿女也使唤不了。"